Mística e Espiritualidade

Dados Internacionais de Catalogação na Publicação (CIP)
(Câmara Brasileira do Livro, SP, Brasil)

Betto, Frei

Mística e espiritualidade / Frei Betto, Leonardo Boff. 2. ed. – Petrópolis, RJ : Vozes, 2014.

ISBN 978-85-326-4022-2

2ª reimpressão, 2022.

1. Espiritualidade – Aspectos sociais 2. Espiritualidade – Igreja Católica 3. Igrejas e problemas sociais – Igreja Católica 4. Misticismo – Aspectos sociais 5. Misticismo – Igreja Católica I. Boff, Leonardo. II. Título.

10.04286 CDD-248.22

Índices para catálogo sistemático:

1. Mística e espiritualidade : Cristianismo 248.22

Frei Betto
Leonardo Boff

Mística e Espiritualidade

EDITORA VOZES

Petrópolis

Animus Anima
Caixa Postal 92.144 – Itaipava
25741-970 Petrópolis, RJ
www.leonardoboff.com

FREI BETTO
Agente literária: Maria Helena Guimarães Pereira
mhpal@terra.com.br

Direitos de publicação em língua portuguesa:
2010, Editora Vozes Ltda.
Rua Frei Luís, 100
25689-900 Petrópolis, RJ
www.vozes.com.br
Brasil

Diagramação: AG.SR Desenv. Gráfico
Capa: Adriana Miranda
Foto da capa: Alex Monteiro

ISBN 978-85-326-4022-2

Este livro foi composto e impresso pela Editora Vozes Ltda.

Sumário

Introdução à primeira edição

Sempre que uma cultura entra em crise ocorre uma volta vigorosa do religioso e do místico. É que o re-ligioso trabalha a experiência profunda de um sentido novo que re-liga as coisas que estão separadas e que precisamente provocam a crise da cultura. Esse sentido novo re-liga a consciência pessoal com sua profundidade, re-liga o eu com os outros, re-liga o presente com o passado e com a promessa do futuro, re-liga o mundo com Deus. As religiões surgem como instâncias que se propõem a manter e a alimentar esse processo de re-ligação. Por isso as religiões são religiões. A crise é sempre também crise do horizonte utópico, daquela confiança básica na vida e na história sem a qual ninguém vive e nenhuma sociedade pode subsistir. Ora, o místico trabalha com essa confiança radical, mas vivida e experienciada, num nível prévio a qualquer elaboração conceitual e que origina todas as elaborações, sempre desbordando de todas elas. O místico se traduz por convicções poderosas que fazem mover a história, pela mola propulsora da caminhada das pessoas e das sociedades.

Hoje assistimos ao advento de uma nova re-ligação e de um novo sonho que devem conferir um sentido global à nossa história que se planetiza e que se inscreve num patamar novo da consciência humana, como consciência da humanidade, numa única terra, num mesmo sistema solar, na nossa galáxia, num mesmo cosmos.

Tais eventos são mais que teorias e doutrinas. São experiências. Todos estamos cansados de doutrinadores que nos falam sobre Deus e sobre o sentido do universo. Queremos ter um encontro vivo com a Divindade e experimentar em nossa vida a emergência de um Sentido radical. Queremos testemunhar a verdade daquilo que Jó disse, depois de haver disputado em vão com seus quatro amigos sobre Deus e sua presença no mundo: "Conhecia-Te, ó Deus, só por ouvir dizer; mas agora viram-Te os meus próprios olhos". A partir da experiência de Deus tudo mudou na vida de Jó, o questionador universal.

O presente texto, *Mística e espiritualidade*, recolhe as palestras feitas pelos autores nos dias 17 e 18 de maio de 1993, em São Paulo, num seminário sobre o tema, organizado pelo Centro de Educação Popular do Instituto Sedes Sapientiae (Cepis), que tantas iniciativas promoveu junto aos movimentos sociais, e pelo Movimento Fé & Política, articulação de militantes, em nível nacional, que descobrem na política um lugar privilegiado da vivência da fé e que a entendem com seus conteúdos como o horizonte utópico da política.

Estes textos possuem um caráter nitidamente introdutório e fragmentário. Guardam o estilo da oralidade. São publicados como incentivo para que cada um faça seu caminho rumo à sua interioridade e à descoberta do avesso de todas as coisas. Aqui brilha o Sentido que plenifica o mundo e ali experimentamos o Mistério do universo que costumamos chamar Deus, Tao, Atma, Olorum, Pai, Inominável e que está presente em tudo, que subjaz a tudo e que re-liga tudo. Por isso, em comunhão com Ele, podemos nos sentir felizes e plenamente realizados.

Prefácio à Sexta Edição

Mística e política

Frei Betto

"Não há nada mais político do que dizer que a religião nada tem a ver com a política", disse o bispo sul-africano Desmond Tutu. Na América Latina não se pode separar fé e política, assim como não seria possível fazê-lo na Palestina do século I. Na terra de Jesus, quem detinha o poder político, detinha também o poder religioso. E vice-versa.

Talvez soasse estranho hoje a certos ouvidos religiosos iniciar a leitura do Evangelho falando dos chefes de Estado que estão atualmente no poder. No entanto, ao introduzir-nos nos relatos da prática de Jesus, Lucas primeiro nos situa no contexto político, informando-nos que "já fazia quinze anos que Tibério era imperador romano. Pôncio Pilatos era governador da Judeia, Herodes governava a Galileia e seu irmão Felipe, a região da Itureia e Traconites. Lisânias era governador de Abilene. Anás e Caifás eram os presidentes dos sacerdotes" (3,1-2).

Foi sob o símbolo da cruz que a colonização ibérica na América Latina promoveu o genocídio de 30 milhões de indígenas e o saque das riquezas naturais. Sob a silenciosa cumplicidade da Igreja católica, mais de 10 milhões de negros foram trazidos da África como escravos para o nosso continente. Com a conivência das Igrejas cristãs, instalou-se em nossos países o sistema burguês de dominação capitalista. Portanto, não se trata de vincular fé e política somente quando se refere aos atuais processos de libertação. Isso seria ideológico, no primeiro sentido que Marx atribuiu a este termo, ou seja, uma tentativa de camuflar os fatos com uma racionalização que separa, na linguagem, o que se encontra unido na realidade.

O fato de fé e política estarem sempre vinculados em nossas vidas concretas, como seres sociais que somos – ou *animais políticos*, na expressão de Aristóteles – não deve constituir uma novidade senão para aqueles que se deixam iludir por uma leitura fundamentalista da Bíblia, que pretende desencarnar o que Deus quis encarnado. A fé é um dom do Pai a nós que vivemos neste mundo. No Céu, nossa fé será vã, pois veremos a Deus face a face. Portanto, a fé é um dom politicamente encarnado, que tem razão de ser nesta conflitividade histórica, na qual somos chamados, pela graça, a distinguir o projeto salvífico de Deus. Nesse sentido, nem mesmo em Jesus é possível ignorar a íntima relação entre fé e política, ainda que para alguns cristãos pareça estranho aplicar certas categorias Àquele que nos assegura, por sua ressurreição, a vitória, em última instância, da vida sobre a morte e da justiça sobre a injustiça.

Jesus tinha fé, conforme atestam os textos que nos falam dos longos momentos que ele passava em oração (Lc 4,16; 5,16; 6,12). Ora, só quem necessita aprofundar sua fé entrega-se ao encontro orante com o Pai. A oração é para a fé o que o adubo é para a terra ou o gesto de carinho para o casal que se ama. O Evangelho nos fala até mesmo das crises de fé de Jesus, como as tentações no deserto (Mt 4,1-11; Mc 1,12-13; Lc 4,1-13) e o abandono que ele sentiu na agonia no Horto das Oliveiras (Mt 26,36-46; Mc 14,32-42; Lucas 22,39-46).

Há quem insista que Jesus, motivado por sua fé, restringiu-se a comunicar-nos uma mensagem religiosa que nada tinha de política ou de ideológica. Tal leitura só é possível se reduzimos a exegese bíblica à pescaria de versículos, arrancando os textos de seus contextos. Ora, não é só o texto que nos revela a Palavra de Deus, mas também o contexto social, político, econômico e ideológico, no qual se desenrola a prática libertadora de Jesus. Todos nós, cristãos, somos inelutavelmente discípulos de um prisioneiro político. Mesmo que na consciência de Jesus houvesse apenas motivações religiosas, sua aliança com os oprimidos e seu projeto de vida para todos (Jo 10,10) tiveram objetivas implicações políticas. Já na introdução de seu evangelho, Marcos mostra como as curas operadas por Jesus – o homem de espírito mau, a sogra de Pedro, os possessos, o hanseniano, o paralítico, o homem de mão aleijada – desestabilizaram tanto o sistema ideológico e os interesses políticos vigentes, que levaram dois partidos inimigos – o dos fariseus e o dos herodianos – a fazerem aliança para conspirar em torno de "planos para matar Jesus" (3,6). Assim, vê-se que as implicações políticas da ação salvífica de Jesus tornaram-se tão graves e ameaçadoras que induziram Caifás, em nome do Sinédrio, a afirmar: "É melhor que morra apenas um homem pelo povo do que deixar que o país todo seja destruído" (Jo 11,50).

E como situar, no contexto da Palestina do século I, a questão ideológica? Lucas registra que "Jesus crescia tanto no corpo como em sabedoria" (2,52). Era, pois, um homem de seu tempo e que, segundo Paulo, "pela sua própria vontade abandonou tudo o que tinha, assumiu a condição de servo e se tornou semelhante aos homens" (Fl 2,7). A divindade de Jesus não transparecia por uma consciência que pudesse emergir completamente de seu contexto cultural e sobrepairar onisciente acima do tempo e do espaço. Tal possibilidade adequa-se à imagem grega de deus e não à imagem bíblica. Jesus era Deus encarnado e possuía a mesma natureza do Pai. Ora, para o Novo Testamento, "Deus é amor. Quem vive no amor vive em união com Deus e Deus vive em união com ele"

(1 Jo 4,16). Portanto, Jesus era Deus porque amava assim como só Deus ama. E nisto consiste a nossa imagem e semelhança com Deus: é divina a natureza de todo amor de que somos capazes. E o somos como abertura a Deus, que nos habita mais profundamente do que o nosso próprio eu e nos faz acolher o próximo.

No entanto, nossa consciência, como a de Jesus, permanece tributária de nosso lugar social e de nosso tempo histórico. Em Jesus, Deus acolhe preferencialmente os oprimidos, em cujo lugar social se encarna e a partir do qual anuncia a universalidade de sua mensagem de salvação. Não há, pois, neutralidade. Jesus assume a ótica e o espaço vital dos pobres. Seu ponto de vista é a vista situada a partir de um ponto, o da promessa que ressoa como bem-aventurança aos que injustamente foram privados da plenitude da vida.

Há também em Jesus um vínculo profundo entre sua fé e a ideologia apocalíptica que o fez esperar com tanta expectativa a eclosão do Reino de Deus ainda para a sua geração (Mc 9,1). Muitos exegetas, então, concordam que a crise maior de Jesus foi constatar que não haveria coincidência entre seu tempo pessoal e seu projeto histórico. O Reino, que se antecipou em sua vida e ressurreição, exigiria a Igreja como sacramento histórico capaz de anunciá-lo, testemunhá-lo e prepará-lo na acolhida do dom de Deus.

Fome de pão e beleza

Num de seus contos, o escritor cubano Onelio Cardozo diz que a fome de pão é saciável, mas a de beleza, infindável. Talvez o socialismo real tenha cometido o erro de pensar que a saciedade da fome de pão traria, em consequência, a de beleza, ou seja, preencheria esse buraco na alma que faz os seres humanos buscarem, de modo incansável, um sentido para a aventura da vida, algo que transcenda a relação com o mundo físico e transforme a luta pela sobrevivência na helênica arte de tecer esperanças.

No plano individual ou coletivo, o que move o ser humano são as utopias, que não cabem no apertado gargalo de uma racionalidade que reduz as relações sociais à esfera econômica. O próprio Marx, numa carta à sua mulher Jenny, dizia que felizmente as relações entre eles nada tinham a ver com as relações de comércio... O capitalismo, ao reduzir de fato o ser humano à esfera econômica e torná-lo prisioneiro da lógica implacável da relação capital *versus* trabalho, cuidou de evitar que os olhos mirassem a realidade de frente. A exacerbação do imaginário é uma poderosa arma para assegurar a alienação e, portanto, a própria continuidade do sistema. Embora o Eldorado seja oferecido a uma minoria, ao menos na forma de bem-estar material, o sonho de alcançá-lo é socializado. Em outras palavras, para poder privatizar os bens materiais, o capitalismo socializa os bens simbólicos, através da religião ou da mídia eletrônica que não distingue o barraco do pobre da mansão do rico. O socialismo tentou fazer exatamente o contrário: socializar os bens materiais e privatizar o sonho, na medida em que só os detentores do poder podiam aspirar ao exercício da transgressão – como mudar o modo de pensar e de agir em matéria política – que é um dos atributos da liberdade.

Nenhum ser humano cabe em si mesmo. A inata vontade de transcender-se está diretamente relacionada à possibilidade de transgredir os limites subjetivos e objetivos que o cercam. Como num filme de Walt Disney, o capitalismo cria essa válvula de escape dando vida real à fantasia. As relações objetivas não sofrem nenhuma modificação: o favelado continua marginalizado do acesso aos bens imprescindíveis à existência, mas seu imaginário é permanentemente realimentado, aumentando o fosso entre a sua consciência (alienada) e a sua existência (oprimida).

Diante dessa alienação, que Marx tão bem descreve em seus *Manuscritos econômicos e filosóficos*, o socialismo pretendeu privar a consciência dos sonhos e trazê-la à realidade, a ponto de sufocar o talento artístico nas linhas geométricas do realismo socialista. A única utopia era a futura sociedade comunista, mas seu caminho passava pela difícil estrada de terra do trabalho produtivo, e o imaginário, como uma pipa privada de ventos para alçar voo, ficava sob o jugo da racionalidade "científica" definida pela versão do Partido. Como um pássaro que resiste ao viveiro, o imaginário era obrigado a voos curtos, no âmbito das relações pessoais, já que as sociais estavam predeterminadas pela política oficial.

A crise recente do socialismo coloca uma pergunta-chave: *afinal, o que deseja o ser humano em última instância: saciar a fome de pão ou de beleza?* As duas, diriam todos. Diante da impossibilidade real numa humanidade em que dois terços passam fome, tomistas e marxistas concordam que sem um mínimo de pão, de condições materiais, não se pode sequer falar no apetite de beleza. Contudo, é suscitando esse apetite que o capitalismo mantém suas vítimas conformadas com a falta de pão. E, na guerra à racionalidade política da esquerda, lança mão da poderosa arma do imaginário e vence eleições, além de exercer forte fascínio sobre a consciência da juventude.

A resposta à questão acima não é fácil, mas acredito que encerra um novo caráter para a metodologia da educação política. Um homem privado de bens essenciais à vida pode não ter condições de perseguir suas utopias, isso não significa, porém, que não queira transgredir os limites que o asfixiam. Ele insiste em sentir-se livre. E o consegue, seja pelo conformismo, aceitando, por exemplo, a lógica "compensatória" do espiritualismo religioso, seja pela revolta, colocando os seus interesses acima dos direitos alheios, na ousadia de supor que é capaz de alcançar, por seus próprios meios, a riqueza que lhe é negada, e tornando-se um bandido. Nas duas situações, há transgressão pela via do imaginário. Outros preferem a via política, em que a utopia se torna fator normativo da persistente militância. Marx prefigurou uma sociedade "onde o livre desenvolvimento de cada um é a condição para o livre desenvolvimento de todos". Essa autorrealização não se esgota na garantia de acesso aos bens e serviços essenciais. Há exemplos-limites que demonstram a predominância do sentido da vida sobre o bem-estar material. É o caso de são Francisco de Assis ou de Che Guevara. Os dois, em nome de seus ideais, foram capazes de abraçar duras privações materiais, inclusive com risco de vida. "Nem só de pão vive o homem...", advertia Jesus. Não teria o socialismo real desprezado a fome de beleza, supondo que o pão fosse suficiente para saciar a voracidade humana? Não teria faltado ao socialismo real uma base ética enraizada na experiência mística?

Espiritualidade do conflito

Predomina ainda entre os cristãos a ideia de que a mística nada tem a ver com a política. Seriam como dois elementos químicos que se repelem. Basta observar como vivem uns e outros: os místicos, trancados em suas estufas contemplativas, alheios ao índice da inflação, absorvidos em seus exercícios ascéticos, indiferentes às discussões políticas que se travam em volta deles. Os políticos, consumidos por infindáveis reuniões, correndo contra o relógio da história, mergulhados no redemoinho de contatos, de análises e de decisões que saturam o tempo e não abrem espaço sequer ao convívio familiar, quanto mais à meditação e à oração!

É verdade: uma certa concepção da mística é incompatível com certo modo de fazer política. A vida religiosa está imbuída deste conceito de que contemplativo é quem dá as costas ao mundo para postar-se diante de Deus. Todavia, não é bem no Evangelho que se encontram as raízes desse modo de testemunhar o absoluto de Deus, mas sim em antigas religiões pré-cristãs e nas escolas filosóficas gregas e romanas, que proclamavam a dualidade entre alma e corpo, natural e sobrenatural, sagrado e profano. O monaquismo, que nasce no século IV como afirmação da fidelidade evangélica perante o desfibramento da emergente Igreja constantiniana (leiam as cartas de São Jerônimo), não teve alternativa histórica senão se nutrir na ideologia em voga: o platonismo.

A ideia de uma natureza humana conflitantemente dividida entre carne e espírito representou, para a espiritualidade cristã, o que a cosmologia de Ptolomeu significou antes das teorias científicas de Copérnico e Galileu – quem se dedica às coisas do mundo, à *pólis*, arrisca-se à perdição. A santidade era concebida como negação da matéria, mortificação (morte) da carne, renúncia da vontade própria, fruição de êxtase espiritual. Nessa ótica atomística de se compreender a relação da pessoa com a divindade havia acentuada dose de solipsismo: o cuidado do aprimoramento espiritual do *eu* sobrepunha-se à exigência evangélica de *amor aos outros.*

Como nem mesmo a discussão em torno do sexo dos anjos deixa de ter seus reflexos políticos, tal concepção pagã da mística – que conduziu por desvios a espiritualidade cristã – serviu de matriz às utopias políticas da *República*, de Platão, das *Cidades*, de Santo Agostinho, das propostas de Tomás Moro e de Campanella. Na Igreja, o equívoco alcança o seu ponto alto na Idade Média, confinado entre as fronteiras políticas do poder eclesiástico e na ideia de que o Reino de Deus se estabelecera neste mundo.

É interessante constatar que os grandes místicos foram simultaneamente pessoas mergulhadas na efervescência política de sua época: Francisco de Assis questionou o capitalismo nascente (como bem o demonstra a magistral obra de Leonardo Boff, *São Francisco, ternura e vigor*); Tomás de Aquino defendeu, em *O regime dos príncipes, o* direito à insurreição contra a tirania; Catarina de Sena, analfabeta, interpelou o papado; Teresa de Ávila, "mulher inquieta, errante, desobediente e contumaz" – como a qualificou Dom Felipe Sega, núncio papal na Espanha, em 1578 – revolucionou, com São João da Cruz, a espiritualidade cristã.

Por mais que as escolas espirituais do Ocidente antigo tenham a ensinar, bem como as obras dos místicos cristãos, é no Evangelho que se encontram os fundamentos da mística cristã. A vida de Jesus não busca a reclusão dos monges essênios e nem se pauta pela prática penitencial de João Batista (Mt 9,14-15). Ele se engaja na conflitividade da Palestina de seu tempo. O Filho revela o Pai andando pelos caminhos, seguido por apóstolos, discípulos e mulheres; acolhendo pobres, famintos, doentes e pecadores; desmascarando escribas e fariseus; cercado por multidões; fazendo-se presença incômoda nas grandes festas em Jerusalém; perseguido e assassinado na cruz como prisioneiro político. Dentro dessa atividade pastoral, com fortes repercussões políticas, Jesus revela-se místico, ou seja, alguém que vive apaixonadamente a intimidade amorosa com o Pai, a quem trata por *Abba* – termo aramaico que exprime muita familiaridade, como o nosso "papai" (Mc 14,36). Seu encontro com o Pai não exige o afastamento da *pólis*, mas sim abertura de coração à vontade divina. Fazer a vontade de Deus é a primeira disposição espiritual do místico. Essa vontade não se descobre pela correta moralidade ou pela aceitação racional das verdades de fé. Antes de ser uma conquista ética, a santidade é dom divino. Portanto, nas pegadas de Jesus, o místico centra sua vida na experiência teologal; sua conduta e sua crença derivam dessa relação de amor que tem com Deus. Teresa de Ávila dirá isso com outras palavras: "A suprema perfeição não consiste, obviamente, em alegrias interiores, nem em grandes arroubos, visões ou espírito de profecia, mas sim em adequar nossa vontade à de Deus" (*Fundações* 5, 10).

A oração é o hábito que nutre a mística. O próprio Jesus reservava, em sua atividade, momentos exclusivos de acolhimento do Pai em seu espírito. "Permanecia retirado em lugares desertos e orava" (Lc 5,16). "Ele foi à montanha para orar e passou a noite inteira em oração a Deus" (Lc 6,12). Para aprofundar a fé, a oração é tão importante quanto o alimento para nutrir o corpo ou o sono para recuperar energias. No entanto, mesmo dentre o ativismo das grandes cidades, os cristãos encontram tempo para comer e dormir – se o mesmo não ocorre com a oração não é apenas por culpa deles. No Ocidente, perdemos os vínculos que nos ligavam às grandes tradições espirituais e somos herdeiros de um cristianismo racionalista, fundado no aprendizado de fórmulas ortodoxas, bem como pragmático, voltado à promoção de obras ou ao desempenho imediato de tarefas. Fazemos de nosso cristianismo uma resposta mais próxima de nossa fome de pão do que de nossa fome de beleza. A dimensão de gratuidade – essencial em qualquer relação de amor – fica relegada a momentos formais, rituais, de celebrações, sem dúvida importantes, mas insuficientes para fazer da disciplina da oração um hábito que permita penetrar os sucessivos estágios da experiência mística.

Ao contrário de certas escolas pagãs, a mística cristã não visa a oferecer uma técnica que leve o crente às núpcias espirituais com a divindade – embora isso possa ocorrer como dom misericordioso do Pai. Antes, ela visa a ensinar-nos a amar – assim como Deus ama – as pessoas com as quais convivemos, nossos parentes, a comunidade com a qual estamos comprometidos em nossa pastoral, o povo a que pertencemos e, especialmente, os pobres, imagens vivas de Cristo. "Ninguém jamais contemplou a Deus. Se nos amarmos uns aos outros, Deus permanece em nós e o seu Amor em nós é perfeito" (1Jo 4,12). O amor de Jesus a seu povo é proporcional à sua fidelidade ao Pai. Por isso, ele aceita o cálice: não retém para si a sua vida porque entende que o Pai a exige por seu povo (Mc 14,36). É aqui que a experiência mística encontra seu ponto de contato com a atividade política.

O exercício político como acúmulo pessoal de poder – mesmo na Igreja – é incompatível com a experiência mística. "Os reis das nações as dominam e os que as tiranizam são chamados benfeitores. Quanto a vós, não deverá ser assim; pelo contrário, o maior dentre vós torne-se como o mais jovem, e o que governa como aquele que serve" (Lc 22,25-26). A política que não se baseia na participação popular tende a ser privilégio de um grupo, de uma casta ou de uma classe. Essa participação popular deve abranger as três esferas da vida social: politicamente, por mecanismos que permitam a todos participar das decisões; ideologicamente, pelo direito de crítica e pelo dever de autocrítica; economicamente, pelo igual direito de acesso aos bens necessários à vida.

Fora disso, ainda que com o título de democracia, o que há são estruturas idolátricas de poder, pois se impõem ao povo como forças onipotentes, oniscientes e onipresentes. Para o político que usufrui delas, a política é uma perversa maneira de pretender se comparar a Deus. É o Olimpo no qual o desejável se torna possível. Daí por que muitos políticos burgueses, cercados de incontáveis fortunas e ameaçados pela idade avançada, ainda insistem em suportar até mesmo revezes e humilhações na atividade política – ela é, para eles, uma espécie de divinização do próprio ego. Fora do poder ou da função política, eles se veriam insuportavelmente reduzidos à própria identidade, obrigados a sofrer o abismo que, para o comum dos mortais, há entre o desejável e o possível. Por isso, não são raros os casos de políticos que, excluídos do poder, preferem a morte.

"... e o que governa como aquele que serve". Nessa dimensão evangélica, a política é compatível com a mística, pois as exigências fundamentais coincidem: descentralização de si nos outros, fidelidade à vontade alheia e humildade no compromisso com a verdade. Inúmeros militantes políticos, sobretudo quando ainda não chegaram ao poder, vivem essa mística, a ponto de aceitarem, na tortura, antes morrer do que trair a causa que abraçaram. As adversidades de uma prática política oposta à situação dominante são, por vezes, comparáveis à disciplina ascética necessária à dilatação mística: as privações físicas, o anonimato na clandestinidade, a fé no processo histórico e no povo, a esperança de vitória, o dom de si a cada momento de risco etc. Ainda que não haja uma consciência teológica dessa experiência, é inegável que toda prática de amor – na qual o bem dos outros se coloca acima do próprio bem – é a realização plena do mistério de Deus na vida humana.

Para o cristão, em sua consciência teológica, essa dimensão mística deve ser apreendida como experiência teologal: no seu amor aos outros ele vive o amor do Pai. Pio XI dizia que "a política é a forma mais perfeita de caridade" (18/12/1927, discurso à Federação Universitária Italiana). Porque ela diz respeito a todos e a quase tudo, do preço do pão às disciplinas que se ensinam nas escolas, do uso pornográfico da mulher na publicidade ao sistema social de saúde, tudo depende do projeto político vigente. Ora, sem repetir erros passados – como formar partidos confessionais ou crer que, por ser cristão, alguém é melhor político – deve-se buscar a síntese entre a política, como exercício de transformação libertadora da sociedade, e a mística, como conversão permanente ao Amor. Aceitar que a mística nada tem a ver com a política seria desencarnar Jesus da história e afirmar que as coisas de Deus não servem para este mundo que Ele criou. O que de mais íntimo Deus pode nos dar – a união espiritual com Ele já nesta vida – estaria reservado àqueles que fazem o movimento contrário ao de Jesus: saem da conflitividade histórica para "melhor" viver a sua fé.

A proposta evangélica vai em outra direção: a comunhão com o Pai manifesta-se na união com o povo livre dos sinais de morte (Ap 21,3-4). Na oração que o Senhor ensina há uma relação dialética entre o mergulho na fé e a promoção da justiça: ao Pai Nosso pedimos o Pão Nosso. E, nos evangelhos, das bodas de Caná aos discípulos de Emaús, é na partilha do pão – símbolo dos bens necessários à vida – que se manifesta a bondade do Pai. Nesse sentido, não haverá completa justiça enquanto não se puder viver a liberdade como mística, ou seja, na dimensão de que uma pessoa é tanto mais livre quanto mais descentrada de si mesma e centrada no Outro e nos outros. Do mesmo modo, nesse mundo e nessa cultura de proporções globais, em que o pobre é uma inumerável coletividade, o amor não pode ser mais pensado e vivido somente em termos de relação interpessoal. Ele se torna também uma exigência política, de entrega da vida ao resgate da fraternidade entre os homens, de compromisso libertador. Isso não significa racionalizá-lo a ponto de, a pretexto do coletivo, ignorar o pessoal. A raiz e o fruto de toda transformação social que se queira completa serão sempre únicos: o coração humano, aí onde a divinização da pessoa transborda para a divinização da história.

Viver a fé a partir da causa dos pobres

Na América Latina vive-se hoje num contexto de opressão/libertação. Não se pode imaginar aqui uma vivência cristã politicamente neutra ou capaz de unir religiosamente o que as relações econômicas injustas contrapõem antagonicamente. Para nós, cristãos latino-americanos comprometidos com o projeto do Deus da Vida, a existência da pobreza como fenômeno coletivo nos exige, em nome da fé, uma tomada de posição. Tal realidade comprova que o projeto de justiça e felicidade proposto ao ser humano por Deus, descrito nas primeiras páginas do *Gênesis*, foi rompido pelo nosso pecado. As vítimas dessa ruptura são principalmente os pobres, destinatários e portadores da Palavra de Deus. Por isso Jesus se coloca ao lado deles. Não o faz porque os pobres sejam mais santos ou melhores do que os ricos, mas simplesmente porque os pobres são pobres – e a existência coletiva de pobres não estava prevista no projeto original de Deus, pelo qual todos deveriam partilhar os bens da Criação e viver como irmãos. Ninguém escolhe ser pobre. Todos o são como vítimas de relações injustas. Esta é a razão pela qual os pobres são chamados bem-aventurados, pois só eles nutrem a esperança de mudar tal situação e de que a justiça de Deus prevaleça.

Assim, a vivência da fé cristã na América Latina supõe inevitavelmente um posicionamento político. Seja do lado das forças de opressão, como o fazem aqueles que condenam a violência política dos oprimidos, sem se perguntarem pelos mecanismos de violência econômica do capitalismo; seja do lado das forças de libertação, como todos nós que comungamos a opção preferencial pelos pobres. É fato que as nossas referências ideológicas nem sempre nos permitem reconhecer com clareza a posição em que nos encontramos. Há cristãos que sinceramente percebem os sintomas – a miséria, as enfermidades, a morte prematura de milhões – e não chegam a descobrir as causas de tais problemas sociais. Em geral, essas pessoas e setores ocupam o lugar social reservado àqueles que usufruem de privilégios sociais e/ou patrimoniais, como detentores da propriedade privada de bens simbólicos e/ou materiais. Esses elaboram uma teologia que procura legitimar os mecanismos de dominação através do sequestro da linguagem, promovendo-a à esfera da abstração, como se o discurso religioso pudesse, de alguma forma, deixar de ser também político. Essa arqueologia da linguagem possui exemplo singular na Parábola do Bom Samaritano (Lc 10,25-37). A resposta do doutor da Lei não estava teologicamente equivocada, mas carecia de incidência política, como se a linguagem da fé servisse para diluir, no que se refere aos conceitos, realidades contraditórias e conflitivas dos fatos e da vida.

Jesus prefere um segundo discurso – situado no aqui e agora do homem que descia de Jerusalém a Jericó – capaz de decifrar e denunciar as diversas posturas teológicas/políticas da conjuntura em que vivia: o sacerdote, o levita e o samaritano. Ora, fazer teologia a partir das aspirações libertadoras dos pobres é recuperar a força profética e sacramental do discurso sobre a fé, ainda que consciente de que, em última instância, cabe o silêncio de nossa parte e, de outra, a manifestação inefável do Espírito de Deus (Rm 8,26-27).

A teologia que hoje se produz na América Latina a partir dos pobres – conhecida como Teologia da Libertação – assume conscientemente sua incidência política e suas mediações ideológicas. Trata-se de uma teologia que não nasce do limbo acadêmico das universidades ou das bibliotecas, mas sim da luta de milhares de Comunidades Eclesiais de Base que fertilizam a nossa fé com o sangue de inúmeros mártires como Frei Tito de Alencar Lima e, em El Salvador, Monsenhor Oscar Romero, abatidos pela força da opressão. Por isso, nos *Documentos de Santa Fé*, que estabeleceram as diretrizes das políticas externas dos governos Reagan e Bush, em 1980 e 1989, a Teologia da Libertação é considerada a ameaça maior aos interesses norte-americanos no continente.

Na prática da luta por justiça é que os cristãos latino-americanos entram em contato com forças políticas e ideológicas aparentemente contrárias ao universo da fé. Não se trata de um diálogo formal entre Igrejas e partidos ou entre cristãos e comunistas. E sim de uma prática comum junto ao mesmo povo, contra a mesma idolatria do mercado, a mesma exploração capitalista, e a favor dos mesmos direitos dos pobres e do futuro socialista. Tal aproximação a partir da prática tem sido igualmente benéfica a cristãos e marxistas. O inimigo, aliás, não faz distinção entre um e outro, tratando-nos todos como comunistas ateus, pois nada pior para ele do que ver-se desprovido de sua legitimidade religiosa, que acoberta seus reais interesses.

Nem sempre foi fácil a aproximação entre cristãos e socialistas. Havia muitos preconceitos e temores de ambos os lados. Na maioria dos países que ingressaram na esfera socialista, as Igrejas cristãs tinham sido aliadas das antigas classes opressoras. Por isso, nos anos de 1960, alguns setores cristãos latino-americanos abandonaram a Igreja e a própria condição de cristãos, à medida que a luta revolucionária os levou a descobrir a teoria marxista. Porém, a crise enfrentada pelas concepções dogmáticas marxistas, após as denúncias dos crimes de Stalin, e as mudanças operadas na Igreja católica, refletidas nas novas formulações do Concílio Vaticano II, propiciaram condições para que outros cristãos se engajassem no processo revolucionário, em nome mesmo da fé cristã, como os cubanos Frank País e José Antonio Echeverría e o sacerdote colombiano Camilo Torres.

Hoje, na América Latina, cristãos e socialistas atuam juntos nos mesmos movimentos populares, nos mesmos sindicatos combativos, nos mesmos partidos progressistas. Não queremos confessionalizar os instrumentos de luta política, pois a divisão da sociedade não se dá entre crentes e não crentes, e sim entre opressores e oprimidos.

Diversos acontecimentos mudaram o perfil da América Latina nos últimos anos. A renovação da Igreja católica pelo Concílio Vaticano II, as conferências episcopais de Medellín (1968) e Puebla (1979), o fracasso das concepções desenvolvimentistas e da Aliança para o Progresso, a vitória da Revolução Cubana e a nova hegemonia política do capital internacional, foram fatores que levaram muitos cristãos a se engajarem na luta social e, a partir desse compromisso com os oprimidos, a se depararem com a realidade gritante da pobreza coletiva. Não foi o marxismo que levou amplos setores cristãos a descobrirem os pobres. Foram os pobres que levaram os cristãos a descobrirem a importância das mediações analíticas. Pois, diante de tanta miséria, foi preciso perguntar por suas causas estruturais e pelas condições de sua superação. As mudanças no Leste europeu obrigaram a Teologia da Libertação a revisar sua concepção de socialismo e a rever os fundamentos do marxismo. Não se trata apenas de um esforço teórico para separar o joio do trigo, mas sobretudo de restaurar a esperança dos pobres e de abrir um novo horizonte utópico à luta dos excluídos. Ignorar a profundidade das atuais mudanças é querer tapar o sol com a peneira. Admitir o fracasso completo do socialismo real é desconhecer suas conquistas sociais – sobretudo quando consideradas do ponto de vista do Terceiro Mundo – e aceitar a hegemonia perene do capitalismo. É preciso detectar as causas dos desvios crônicos dos regimes socialistas e redefinir o próprio conceito de socialismo.

A fé abre-nos ao imperativo da vida, mas não oferece mediações analíticas e instrumentos políticos necessários à construção do projeto de fraternidade social. As importantes contribuições das ciências políticas não podem ser ignoradas pela reflexão teológica latino-americana, se queremos compreender os mecanismos capitalistas que excluem milhares de pessoas dos direitos fundamentais à vida. E a contribuição das teorias econômicas e sociais à teologia não ameaça a integridade de nossa fé, pois já não podemos aceitar que o marxismo, por exemplo, seja uma religião ou que a fé cristã seja mera ideologia. Não se trata de assumir um materiatismo vulgar ou um mecanicismo que nega a vida espiritual e ignora o papel da subjetividade humana nos processos históricos. Nem de ter fé no dogma de uma metafísica "marxista". Ou de acatar a versão stalinista contida em manuais maniqueístas, nos quais o ateísmo prevalece como postura revolucionária sobre os compromissos efetivos com a libertação da classe trabalhadora. Imbuídos de uma vivência teologal e de uma reflexão teológica fundadas na opção pelos pobres, no compromisso com o projeto do Reino de Deus, os cristãos assumem mediações ideológicas sem conflitos, mesmo porque a urgência da fome torna secundárias certas questões teoréticas. Em nossas vivências pastorais e políticas, fé e ideologia relacionam-se mutuamente, mas nem a revelação de Deus se esgota em qualquer projeto de sociedade, nem a ideologia pode prescindir da racionalidade própria à autonomia da esfera política. Contudo, tal racionalidade jamais invade e ocupa o espaço inefável da experiência teologal.

É preciso reconhecer ainda que a crítica marxista à religião tem servido à purificação de nossa fé e de nossa vivência cristã. O Deus no qual cremos não é o mesmo deus que o marxismo nega, pois não cremos no deus do capital, das torturas ditatoriais ou das idolatrias modernas. Cremos no Deus da vida anunciado por Jesus aos oprimidos. Deus que exige justiça para todos e quer libertar também os opressores de sua condição de opressores.

Portanto, fazer teologia hoje na América Latina supõe uma abertura ecumênica, no sentido etimológico do termo, que vai além da articulação cristã dos discursos teológicos ou das práticas pastorais dos católicos e dos protestantes. Implica também incorporar o discurso ideológico e a prática política dos movimentos e dos partidos que assumem as aspirações libertadoras de nossos povos. Assim, a teologia na América Latina liberta-se do limbo das categorias acadêmicas e, de novo, encarna-se na vida e na luta de inúmeros crentes e oprimidos que já não podem separar fé e vida, pastoral e política, salvação e libertação.

O terreno concreto da política, com as suas expressões ideológicas, constitui o no novo lugar teológico por excelência, onde se decide não só a sorte de milhões de seres humanos, mas também a nossa fidelidade ao Pai no serviço ao povo, em vista da construção do projeto de Deus na história. Desse programa libertador, que se impõe como dever aos cristãos, participam ateus, e homens e mulheres de boa vontade – enfim, todo um contingente de pessoas que, por enquanto, só é capaz de reconhecer a presença viva de Jesus nos oprimidos que padecem fome, não têm roupa, encontram-se desabrigados, explorados e marginalizados (Mt 25,31-46). É o pobre, como sacramento de Deus, que em nosso Continente dilata as fronteiras da Igreja e faz da política e da ideologia versões profanas, porém teologais, do discurso teológico, quando são proferidas desde seus interesses. E ainda que a fé não seja tão forte a ponto de transportar montanhas, ao menos fica a certeza de que o amor, refletido nas práticas libertadoras, nos faz todos participantes da comunhão entre o Pai, o Filho e o Espírito Santo.

Prefácio à Sexta Edição

O visível e o invisível

Leonardo Boff

Este livro, fruto da parceria Boff/Betto, encarna um sinal dos tempos: a volta da dimensão mística e espiritual na sociedade contemporânea. Ele é o resultado de palestras dadas para mais de quinhentos operários, a maioria deles metalúrgicos, nos dias 17 e 18 de maio de 1993. Não era um fim de semana, mas durante a semana, de manhã e de tarde, em tempo de trabalho. Mesmo assim o auditório estava repleto e com extrema atenção.

Por que mística e espiritualidade? Porque a mística e a espiritualidade têm a ver com experiências e não com doutrinas. Todos estão cansados de ouvir discursos religiosos feitos por pessoas das igrejas e das religiões. Elas falam sobre Deus e procuram transmitir uma doutrina. O que, na verdade, hoje muitos procuram é falar a Deus e a partir da experiência de Deus. Falar tocado por Deus e com o coração na mão.

Ora, exatamente isso é a mística: experimentar Deus. Experimentar Deus em todo o ser e senti-lo no coração. Dialogar com Ele, chorar diante dele, alegrar-se nele, confiar a Ele a vida e o destino e mergulhar em seu mistério. Uma coisa é pensar Deus. Aí Ele está apenas em nossa cabeça, numa parte de nosso ser. Outra coisa é sentir Deus em todo o ser. Então, todos os lugares da pessoa são tomados por Deus: o corpo, a alma e o espírito. Pode-se chegar a um ponto em que a pessoa se sente unida e fundida com Deus como testemunha São João da Cruz, um dos maiores místicos cristãos: "a amada (a alma) no Amado transformada".

Então, não se precisa crer em Deus. Sabe-se de sua existência. Estamos tão ligados a Ele que nossa vida não pode ser mais pensada e vivida sem uma referência emocional e amorosa com Deus. Essa mística é mais frequente do que se imagina, especialmente nas pessoas anônimas, em nossas famílias, em mães cuidadosas e em homens trabalhadores que vivem uma piedade fundamental e simples. Isso é a mística.

Espiritualidade é a transformação que esta mística produz nas pessoas, na forma de olhar a vida, no jeito de encarar os problemas e de encontrar soluções. Uma pessoa espiritualizada é aquela que sempre está atenta e se pergunta: o que Deus está dizendo com isso e com aquilo que estou vivendo? Que lição Ele me quer transmitir? Que chance de crescimento está me proporcionando?

Deus vem então misturado com todas as coisas. Todas as coisas têm um outro lado. Nesse outro lado estão Deus e seu desígnio. Esforçar-se para captar e sentir Deus e decifrar seu desígnio é o que a pessoa espiritual e espiritualizada procura com diligência fazer.

Então se percebe que o visível é parte do invisível. Que ambos perfazem toda a realidade. E que esta realidade é carregada e conduzida misteriosamente por Deus. A pessoa espiritual se sente caminhando na palma da mão de Deus. E pode dizer sinceramente com o Salmo 23 do Bom Pastor: "Mesmo que eu ande no vale das sombras da morte, nenhum mal temerei, porque tu vais comigo". Jó é o exemplo da conquista espiritual e mística do ser humano de todos os tempos. Discute com Deus, quer saber por que existem tantos males no mundo, questiona todas as doutrinas. Depois de pôr em xeque tudo, não lhe resta outra coisa senão medir-se diretamente com Deus. Depois de um longo tirocínio, confessa: "Conhecia-te, ó Deus, só por ouvir dizer. Mas agora meus próprios olhos te viram". Ele teve uma experiência de Deus. Tudo se aclarou e ordenou. Já não pergunta mais. Simplesmente canta e celebra Deus em todas as suas criaturas.

Esses textos, fragmentos do debate, querem prestar esse serviço: convidar as pessoas a buscarem uma experiência de Deus. Frei Betto e eu garantimos que será emocionante e uma aventura sem igual.

Mística e mistério

Leonardo Boff

Um dos fenômenos mais originais das sociedades latino-americanas é a proliferação dos movimentos sociais, entendidos como os grupos que se formam ao redor de alguma reivindicação concreta não implementada pelo Estado ou não reconhecida pela sociedade organizada, a fim de conseguir seu atendimento. Geralmente se trata de luta por um direito fundamental violado ou não realizado. Assim, surgem os movimentos por direitos humanos, numa perspectiva social, a partir dos direitos dos pobres à vida, ao trabalho e à satisfação mínima das necessidades básicas; os movimentos de camponeses sem terra; grupos de sem-teto, favelados, mulheres, meninos e meninas de rua, negros e índios. Existem ainda núcleos de partidos com um projeto popular de transformação da sociedade, células sindicais, várias pastorais sociais das Igrejas (por terra, moradia, saúde, participação política, negros, índios e pobres) e distintos grupos de reflexão e ação.

Os participantes de tais movimentos são militantes, pessoas engajadas que tiram o tempo de seu lazer ou de seu sono para aprofundar as questões, organizar-se e lutar por seus direitos negados. Tais movimentos enfrentam estruturas injustas, com a insensibilidade histórica dos governantes em relação às questões atinentes às camadas populares, e o cinismo das elites, que encontram sempre mil truques para acalmar os grupos mobilizados, o que garante sua hegemonia política e seus privilégios.

Existem grupos que há séculos resistem aos processos de dominação e marginalização, como negros e camponeses, com articulação mínima. Outros, imbuídos de ideais humanitários e libertários, criaram grupos mobilizados politicamente, e em certas épocas até militarmente, para forçar as mudanças sociais necessárias e historicamente obviadas. Todos estes grupos testemunham a dramaticidade da luta, pois colhem sucessivos fracassos, veem seus movimentos ameaçados, quando não até desmantelados pela repressão policial ou pelas forças oligárquicas.

Qual a força secreta que sustenta todos estes grupos? Donde haurem esperança para continuar a sonhar, a resistir e a querer uma sociedade mais humana e feliz para eles e seus filhos e filhas?

No nosso continente sempre houve espíritos que se deixaram inspirar pela utopia originária do cristianismo, de uma sociedade fraternal e sororal, justa e participativa, carregada de ternura pelos pobres e marginalizados, consciente das consequências sociais do fato da filiação divina de cada pessoa humana. Em nome disso defenderam, desde o início da colonização, índios e escravos negros, operários explorados e grupos excluídos. A opção das Igrejas pelos pobres traduz emblematicamente, para os nossos dias, as dimensões libertárias da memória "subversiva" de Jesus de Nazaré.

Outros retomam os ideais emancipatórios da Revolução Francesa, de liberdade, igualdade e fraternidade, e se empenham em realizá-los numa sociedade que se organiza na negação de tais princípios. Estes buscam divulgar o projeto de uma democracia participativa e popular, através de grupos de reflexão e de militância política, de participação de partidos progressistas.

Para milhões, o socialismo e o marxismo foram uma torrente de generosidade e uma fonte inspiradora de verdadeiro amor aos oprimidos e de visões revolucionárias e práticas libertárias em todas as instâncias em que se organiza a sociedade. Apesar da crise do socialismo "real", que é um tipo de organização da sociedade e do Estado (como, por exemplo, através da concepção leninista do partido único), o ideário socialista permanece como uma vertente mobilizadora de engajamento social. O socialismo nasceu de uma profunda indignação face à miséria e de um ato de amor político e revolucionário pelos oprimidos das sociedades marcadas pela desigualdade social.

Para outros, são um humanismo radical e uma ética da compaixão e da solidariedade que motivam compromissos sérios em defesa de índios, negros, mulheres, aidéticos, hansenianos e outros penalizados pela sociedade dominante.

É nesse contexto que cabe falar de mística do engajamento e da luta, sem constrangimentos ou pruridos motivados pelas ressonâncias religiosas desta palavra. Pelo contrário, cresce dia a dia o número daqueles que se entendem dentro de uma perspectiva holística e integral da existência humana. Procuram descobrir em si as várias dimensões do mistério da vida e os níveis de profundidade da indagação humana. Identificam aí os grandes sonhos e visões de um novo mundo e de relações humanas e sociais mais benevolentes e amorosas que povoam nosso imaginário e que, de tempos em tempos, incendeiam os corações. Nesse contexto, ganha sentido falar-se de espiritualidade e de Deus, não como realidades pensadas em si mesmas, mas como referências presentes nos embates, nas grandes decisões, nos avanços e recuos, enfim, no drama humano e histórico. Particularmente forte é seu significado onde as pessoas e grupos confrontam com o fracasso e a derrota e, ao mesmo tempo, mantêm a coragem para resistir, protestar, empenhar-se, arriscar-se em prol de causas dignas. Donde lhes vêm tal energia vital e entusiasmo?

Falar então de mística não significa despistar a resposta às questões formuladas, nem mistificar a realidade, mas colher seu lado mais luminoso, aquela dimensão que alimenta as energias vitais para além do princípio do interesse, dos fracassos e sucessos. Espiritualidade e mística pertencem à vida em sua integralidade e em sua sacralidade. Daí nascem o dinamismo da resistência e a permanente vontade de libertação.

Que é mística?

A palavra mística é adjetivo de mistério. Mistério possui muitos sentidos, vários deles pejorativos. Na linguagem comum usa-se a palavra mistério para concluir uma reflexão que esgotou as capacidades da razão e não consegue mais produzir luz. Ou então para indicar intenções ou realidades escondidas ao comum dos mortais. Mistério pode significar também a aura de interesse, curiosidade e fascinação que uma pessoa irradia: "Que mistério tem Clarice?"

Originalmente, a palavra mistério (*mysterion* em grego, que provém de *múein*, que quer dizer "perceber o caráter escondido, não comunicado de uma realidade ou de uma intenção") não possui um conteúdo teórico, mas está ligada à experiência religiosa, nos ritos de iniciação. A pessoa é levada a experimentar, por meio de celebrações, cânticos, danças, dramatizações e realização de gestos rituais, uma revelação ou uma iluminação conservada por um grupo determinado e fechado. Importa enfatizar o fato de que mistério está ligado a essa vivência/experiência globalizante.

Não se trata de ouvir uma catequese sobre uma doutrina de difícil acesso ou de receber lições sobre certa visão secreta das coisas, mas de realizar uma experiência religiosa comunitária. A esse processo experimental chamou-se mistério, o que significa que a comunicação é feita a um grupo que se dispõe a isso e não simplesmente a qualquer assistente curioso.

Somente mais tarde, num interesse filosofante, distanciado já da experiência, usa-se mistério para designar o lado suprassocial-comunitário (racional) de uma doutrina ou revelação. Fala-se então dos mistérios cristãos da SS. Trindade, da encarnação, da graça etc. Mas aqui já estamos em plena reflexão teológica, o que não impede que estes "mistérios", para o professante, escondam e propiciem uma experiência verdadeiramente mística.

Queremos nos deter em alguns significados positivos de mistério e de mística que nos ajudem a entender a força presente na militância. Vamos seguir uma lógica adequada à compreensão atual, mesmo nos distanciando do sentido original das palavras.

Sentido antropológico-existencial de mistério e mística

Mistério não equivale a enigma que, decifrado, desaparece. Mistério designa a dimensão de profundidade que se inscreve em cada pessoa, em cada ser e na totalidade da realidade e que possui um caráter definitivamente indecifrável.

Por mais que conheçamos uma coisa concreta com o recurso das várias achegas (emocional, mítica, intuitiva, científica, holística), nos damos conta de que há ainda lados a considerar e perspectivas a captar. Quando confrontamos com o infinitamente complexo – a pessoa humana, homem e mulher –, aí tomamos consciência clara do que significa existencialmente, no nível experimental, um mistério, e a atitude face a ele é a mística.

Cada pessoa é um mistério. Podemos conhecê-la através de um longo convívio, pela intimidade do amor ou pelas abordagens das ciências e das várias tradições da humanidade. Mesmo assim, ninguém poderá decifrar e definir quem é Maristela, Márcia, José Américo ou Fernando ou quem quer que seja. A pessoa emerge para si mesma e para os outros um mistério desafiador. Somente sabemos o que cada um revela de si mesmo ao largo da vida e pode ser captado pelas várias formas de apreensão que temos desenvolvido. Mas, apesar de toda a diligência, cada um permanece um mistério vivo e pessoal.

Mistério, portanto, não constitui uma realidade que se opõe ao conhecimento. Pertence ao mistério ser conhecido. Mas pertence também ao mistério continuar mistério no conhecimento. Aqui está o paradoxo do mistério. Ele não é o limite da razão. Por mais que conheçamos uma realidade, jamais se esgota nossa capacidade de conhecê-la mais e melhor.

Em razão disso, não podemos absolutizar nosso paradigma moderno, científico-experimental e técnico. Este não desnuda todas as dimensões da realidade, apenas aquelas que entram no diálogo experimental com a natureza. Ainda assim, este diálogo nunca termina. Há também outras formas de diálogo, pois as várias culturas e os vários tempos históricos desenvolveram mil formas de conhecimento, seja pelos sonhos, pela intuição, pelos mitos e símbolos, pela reflexão religiosa e filosófica, e outras mais.

Aquilo a que chamamos realidade apresenta-se incomensuravelmente maior que nossa razão e nossa vontade de dominar pelo conhecimento. A pessoa humana, *a fortiori*, é mais do que sistemas de compreensão ou formas de convívio social. Ela surge como um mistério, que se entrega sob as formas mais ambíguas. Por um lado, pode vir carregado de ternura, de vontade de comunhão e de comunicação, no desejo de acolher e ser acolhido. Por outro, pode também se revelar sinistro e aterrador por sua capacidade de destruir, excluir e comportar-se como lobo para o semelhante.

O órgão para captar esse mistério é o coração e aquilo que Pascal chamou *esprit de finesse*, "espírito de fineza". É uma atitude de simpatia fundamental, uma capacidade básica de sentir os outros em sua situação concreta (coração). Pelo espírito de fineza nos descobrimos como vulneráveis. Somos afetados pelos outros e podemos afetá-los, despojando-nos do cálculo, do interesse e da vontade de poder (*esprit de géometrie*).

Essa compreensão existencial é vivida por todos. Mesmo sábios e cientistas como Niels Bohr, Werner Heisenberg, Max Planck, David Bohm e Albert Einstein, entre outros, testemunharam a experiência do mistério. Em 1938, em seu ensaio *Como vejo o mundo*, escrevia Einstein:

> O mistério da vida me causa a mais forte emoção. É este sentimento que suscita a beleza e a verdade, cria a arte e a ciência. Se alguém não conhece esta sensação do mistério ou não pode mais experimentar espanto ou surpresa, já é um morto-vivo e seus olhos cegaram. Aureolada de temor é a realidade secreta do mistério que constitui também a religião (p. 12).

Einstein considera a percepção do mistério fundamental para o cientista criador, porque lhe permite ficar sensível àquelas dimensões não captadas pelas fórmulas científicas e conservar sempre a humildade de aprender. Muitas vezes repetia:

> Afirmo com todo o vigor que a religião cósmica é o móvel mais poderoso e mais generoso da pesquisa... o espírito científico, armado fortemente com seu método, não existe sem a religiosidade cósmica (*Como vejo o mundo,* p. 22-23).

Aqui não se trata de uma doutrina ou ideologia, mas de uma experiência fundante da realidade em seu caráter incomensurável à razão analítica. A atitude que dela se deriva é de veneração, encantamento e humildade diante da realidade. Exatamente esta atitude face ao mistério, vivida em profundidade, chama-se mística.

Sentido religioso de mistério e mística

Quando as pessoas personalizam a experiência do mistério, sentem-se como que habitadas por ele e convidadas ao diálogo, à oração e a cair de joelhos diante de sua sacralidade, então surgem as religiões. Na raiz de cada religião está uma experiência do mistério.

Os que experimentam o mistério são os místicos. A experiência do mistério não se dá apenas no êxtase, mas também, cotidianamente, na experiência de respeito diante da realidade e da vida. Quem não se extasia diante de uma criança que nasce? Quem não se enche de profundo respeito face a um rosto sofrido e curtido de um indígena do altiplano da Bolívia? Quem não emudece diante dos pés grossos e calosos do camponês nordestino que trabalha no sertão árido de sol a sol? Existe aí uma sacralidade que se impõe por ela mesma.

A mística não é, pois, o privilégio de alguns bem-aventurados, mas uma dimensão da vida humana à qual todos têm acesso quando descem a um nível mais profundo de si mesmos; quando captam o outro lado das coisas e quando se sensibilizam diante do outro e da grandiosidade, complexidade e harmonia do universo. Todos, pois, somos místicos num certo nível.

Os místicos dão nomes ao mistério. É sua ousadia, pois o mistério é inominável. Chamam-no de Deus, Atma, Tao, Javé, El, Pai etc. Não importa o nome. Será sempre uma etiqueta para o sem-nome. A partir dessa experiência de nomear o inominável, o mestre chinês Chuang-Tzu escrevia, séculos antes de Cristo:

> O Tao é um nome que indica, sem definir. O Tao está para além das palavras e para além das coisas. Não se exprime nem por palavras nem pelo silêncio. Onde não existe nem mais palavras nem silêncio, o Tao é apreendido (*A via de Chuang-Tzu*, p. 193).

Antes de tudo está a experiência do mistério, a experiência de Deus. Somente depois vem a fé. A fé não é, em primeiro lugar, a adesão a uma doutrina, por mais revelada e sobrenatural que se apresente. Quando isso ocorre, a "fé" tem as características da ideologia, vale dizer, de uma ideia ou convicção inculcada nas pessoas a partir de fora. Em razão desse caráter extrínseco, podem surgir os fundamentalismos e as guerras de religião. Cada grupo afirma a sua verdade, excluindo a de todos os demais.

A fé só tem sentido e é verdadeira quando significa resposta à experiência de Deus, feita pessoal e comunitariamente. Fé é, então, expressão de um encontro com

Deus que envolve a totalidade da existência, o sentimento, o coração, a inteligência, a vontade. Os lugares e os tempos deste encontro transformam-se em sacramentais, pontos referenciais da experiência de uma superabundância de sentido inesquecível. Jacó deu um nome ao lugar onde encontrou Deus, chamou-o de Fanuel, pois disse: "Vi Deus face a face" (Gn 32,31). A partir desse tipo de experiência é que surgem as teologias. Elas são um esforço de tradução para a razão (doutrina), para a prática (ética) e para a celebração (liturgia) desta experiência fundante. Os próprios nomes adjudicados a Deus escondem uma experiência originária. Assim, Javé significa "Deus que acompanha e está presente na vida do povo", e Elohim quer dizer "o Deus que ilumina o caminho e brilha na existência".

A crise atual das Igrejas e religiões históricas reside na ausência sofrida de uma experiência profunda de Deus. Em seu lugar, surgem os hierarcas, os missionários-cruzados, os mestres de doutrinas, numa palavra, o poder religioso. Este está menos interessado na verdade de Deus do que na segurança de seu sistema religioso. O que ele mais teme é o místico, o fiel que testemunha experimentar Deus e em nome dele, sem pedir licença a ninguém, inaugura uma nova fala e introduz novos comportamentos.

As religiões são cristalizações posteriores da experiência mística. Suas instituições valem na medida em que conservam essa experiência, transmitindo-a às gerações posteriores, e pela capacidade de suscitá-la nas pessoas, que então se fazem religiosas.

As pessoas verdadeiramente religiosas, mais que um saber sacerdotal sobre Deus, possuem um saber místico, quer dizer, experimental, urdido de encontros com a divindade. É a partir destes encontros que elas revitalizam as instituições religiosas, conservam o entusiasmo e haurem energias para lutar e esperar dias mais justos, às vezes a despeito das Igrejas e religiões instituídas.

Sentido cristão de mistério e mística

O judeu-cristianismo identifica o mistério de Deus na história do povo, particularmente na história dos oprimidos. Por isso afirma um Deus histórico, o Deus de Abraão, de Isaac, de Jacó, dos profetas e de Jesus de Nazaré. O Deus da história apresenta-se como um Deus ético. Por isso, a mística bíblica é uma mística dos olhos abertos e das mãos operosas. Piedoso e servidor do Deus histórico é aquele que se compromete com a justiça, toma o partido do fraco e tem a coragem de denunciar a religião do puro louvor sem a mediação do amor ao próximo.

Deus é experimentado na luta dos oprimidos do Egito e dos cativos na Babilônia. Dele se diz que escuta o grito do oprimido e abandona sua luz inacessível, desce para colocar-se do lado dos injustiçados (cf. Ex 3,4). Os que se sentem abandonados, os órfãos e peregrinos, devem saber que seus direitos são direitos de Deus (cf. Dt 10; Jr 22,15; Pr 22,22-23), pois abandonados e não tendo ninguém para socorrê-los são socorridos pelo próprio Deus. Por isso se afirma que "o opressor do pobre injuria o Criador, mas honra a Deus quem se compadece dele" (Pr 14,31). A obra do Messias é libertadora, já que consiste em fazer justiça aos desamparados e visa a inaugurar a nova ordem de paz e fraternidade a partir dos últimos (cf. Is 11,4-9; 42,1-4).

Ao lado desta mística do compromisso ético, porque Deus se encontra na ação justa e na relação amorosa para com os outros, existe também uma mística da contemplação. O universo todo foi criado por Deus. Os seres humanos (homem e mulher) são lugares-tenentes de Deus, representantes divinos em seu ser e em seu agir. Em tudo podemos contemplar a marca registrada de Deus impressa nas criaturas e na realidade espiritual e corporal do ser humano. Tal saboreamento de Deus na obra da criação e no trabalho humano permite a louvação e a exaltação da alma que vibra e se entusiasma.

O Novo Testamento prolonga e radicaliza a mesma linha da experiência de Deus na história. Afirma que Deus entrou totalmente na realidade humana, pois humanizou-se no judeu Jesus de Nazaré. A partir de agora, o lugar de encontro de Deus será preferencialmente na vida humana, particularmente na vida dos crucificados. Esse Deus não se encarnou na figura do César em seu trono, nem do sumo sacerdote em seu altar, nem do sábio em sua cátedra, mas na figura dos oprimidos e excluídos que acabam fora da cidade e crucificados.

A ressurreição de Jesus crucificado quer reafirmar o primado da justiça e da vida, anunciar a sacralidade da insurreição contra a ordem deste mundo e revela a promessa feita a todos os injustamente penalizados de que eles também herdarão a plenitude da vida, quer dizer, a ressurreição. Pois Jesus se fez um deles. Seu destino feliz é destino prometido a todos os que tiveram sorte semelhante àquela de Jesus.

A mística cristã, porque é histórica, orientar-se-á pelo seguimento de Jesus. Tal propósito implica um compromisso de solidariedade para com os pobres, pois Jesus incluiu-se entre eles e pessoalmente optou pelos marginalizados das estradas, do campo e das praças das cidades. Implica um compromisso de transformação pessoal e social, presente na utopia pregada por Jesus, do Reino de Deus, que começa a realizar-se na justiça para os pobres e, a partir daí, para todos e para toda a criação.

O seguimento de Jesus, pela proposta nova que proclama, introduz conflitos: há os que, por causa desta proposta, sentem-se prejudicados em seus interesses e reagem com o uso da violência simbólica ou física. Por isso, o seguimento pode comportar perseguições e até martírio. Mas tudo é assumido jovialmente, como preço a se pagar pela solidariedade para com os sofredores e para com o Servo sofredor Jesus. O cristão discerne, na paixão dos pobres e marginalizados, a presença e a atualização da paixão de Jesus, que continua agonizando na carne e no grito de seus irmãos e irmãs. Mas vê também, nos avanços rumo à instauração da justiça e da promoção da vida, os sinais da ressurreição acontecendo na história.

Há ainda uma outra vertente mística no Novo Testamento. Ela é claramente contemplativa. Ela afirma que tanto o Filho que se encarnou quanto o Espírito têm a ver com o mistério da criação. Eles estão aí presentes, fermentando o processo de ascensão ao Reino da Trindade. Eles como que recapitulam em si e no ser humano o Universo e lhe dão orientação segura de que convergirá numa síntese bem-aventurada. Ele também participará da ressurreição de toda a carne. Por isso, há futuro para as estrelas, montanhas, plantas, animais e povos.

Se a mística do seguimento é histórica e de mãos abertas para a ação, a mística crítica e espiritual é a dos olhos abertos e cósmica. Ela procura a unidade em todas as diferenças, na medida em que um fio divino perpassa o universo, a consciência e a ação humana, para uni-los para frente e para cima, na perspectiva da suprema síntese com Deus, ômega da evolução e da criação. Esta mística da unidade e da união é bem testemunhada pela vertente vigorosa que vem dos Padres Gregos (Gregório de Nissa e Gregório Nazianzeno), passa pela tradição platônico-agostiniana, chega em São Boaventura com o seu admirável *Itinerário da mente para dentro de Deus*, depois culmina com São João da Cruz (*Subida ao Monte Carmelo*) e com Santa Teresa d'Ávila (*Castelo e suas moradas*), até desembocar nos ardorosos textos místicos *O meio divino* e *Ciência e Cristo*, de Teilhard de Chardin.

Por fim, a mística cristã permitiu uma derradeira elaboração da imagem de Deus, a triunitária e comunional. Deus não é solidão, mas comunhão de três divinas figuras, o Pai, o Filho e o Espírito. Elas são coexistentes e convivem eternamente sem nenhuma hierarquia. Se são distintas é para poderem propiciar a autodoação e a comunhão entre elas. O entrelaçamento entre elas (*pericórese*, em linguagem teológica) de vida e de amor é de tal profundidade e radicalidade que elas se unificam (ficam unas) e constituem um único Deus.

Destarte, a Trindade não é um mistério absurdo, nem uma contradição matemática. É a suprema expressão da experiência que todos fazemos do amor e da comunhão humanas. No amor importa sermos distintos e não nos fundirmos. Mas importa fundamentalmente que a entrega de um ao outro seja de tal ordem que daí surja unidade suprema. Não basta o frente a frente do eu (Pai) e do tu (Filho), pois se cairia num narcisismo a dois. Decisivo é que o eu e o tu se encontrem num só (Espírito Santo), como num terceiro que supera o isolamento de cada um. Desta forma, a dialética é perfeita, não apenas de dois termos, mas de três, distintos, mas sempre entrelaçados.

O mistério comunional de Deus-Trindade não foi fruto do esforço especulativo dos primeiros pensadores cristãos. De forma quase ingênua e pré-reflexa, os discípulos de Cristo traduziram sua experiência com a figura histórica de Jesus, o nazareno. Ele se entendia simplesmente como filho. Relacionava-se com Deus como o seu Pai. E dele irradiava tanto carisma e força de atração e convencimento que diziam: Ele é habitado pelo Espírito. Portanto, em Jesus descobrimos o mistério como Pai/Mãe, como Filho/ Filha e como Espírito. Para exprimir esta experiência totalizante criaram, posteriormente, a expressão Trindade para dizer: por detrás de tudo, de cada ser, dentro de cada vida e na dinâmica de cada paixão estão um amor e três amantes, uma comunhão e três sujeitos em relação. Não se multiplica Deus, apenas se descobre a natureza comunional e relacional do mistério divino.

A mística judeu-cristã, a despeito da mediocridade das instituições e da preguiça espiritual da maioria de seus professantes, apresenta-se como uma mística político-libertador-contemplativa. Ela não aceita o mundo como está; quer mudá-lo e reconstruí-lo sobre a base da partilha, da solidariedade, da fraternidade/sororidade, do trabalho, do lazer e da veneração face ao mistério da criação. Empenhar-se nesse propósito significa sentir-se um servidor de Deus na história, um operador de sua política no mundo, que é a instauração do Reino que se realiza sempre e somente onde vige a justiça, reforça-se a colaboração, supera-se o espírito de vingança, concretiza-se o amor e se vai dançando e cantando rumo à suprema integração de todas as coisas por Deus e com Deus.

Sentido sociopolítico de mística

Existe ainda, por fim, um sentido de mística usado por analistas sociais e políticos. Encontra-se em Max Weber ou Pierre Bourdieu e em outros quando analisam a política como profissão e arte e discutem a importância dos atores carismáticos na transformação da sociedade. Mística significa, então, o conjunto de convicções profundas, as visões grandiosas e as paixões fortes que mobilizam pessoas e movimentos na vontade de mudanças, inspiram práticas capazes de afrontar quaisquer dificuldades ou sustentam a esperança face aos fracassos históricos.

Na mística político-social age sempre a utopia, aquela capacidade de projetar, a partir das potencialidades do real, novos sonhos, modelos alternativos e projetos diferentes de história. Geralmente são os grupos oprimidos os portadores de novas visões, aqueles que, embora derrotados, nunca desistem, resistem firmemente e sempre de novo retomam a luta. O que os move são os sonhos de uma realidade nova. Por isso, desfatalizam a história, não reconhecem como ditado da história a situação injusta imposta e mantida pelas forças opressoras.

Enquanto houver visionários, a sociedade se manterá em movimento, haverá sempre um antipoder que se opõe ao poder dominante, existirão sempre os subversivos, surgirão sempre bandeiras libertadoras e articulações para levar avante a transformação da sociedade. Nisso tudo vai uma mística que se recusa a aceitar a situação dada, uma mística geradora de energia orientada para a construção de um futuro melhor.

Logicamente, a prática jamais traduzirá toda a utopia para a história (não seria então utopia). Mas a utopia deslanchará sempre energias novas para transformações que se acercam dela e, ao mesmo tempo, permitem que se relativize toda conquista para que a história não se congele reacionariamente, mas se mantenha aberta a novos avanços e outras aproximações da utopia.

A mística é, pois, o motor secreto de todo compromisso, aquele entusiasmo que anima permanentemente o militante, aquele fogo interior que alenta as pessoas na monotonia das tarefas cotidianas e, por fim, permite manter a soberania e a serenidade nos equívocos e nos fracassos. É a mística que nos faz antes aceitar uma derrota com honra que buscar uma vitória com vergonha, porque fruto da traição aos valores éticos e resultado das manipulações e mentiras.

Mística e militância

Leonardo Boff

Não há militância sem paixão e mística, não importando a natureza da causa, seja religiosa, humanística ou política. O militante vive no mundo das excelências e dos valores em função dos quais vale gastar tempo, arrostar riscos e empenhar a própria vida. Trata-se aqui não de ter ideias, mas de viver convicções. São estas que mudam as práticas, que transformam as relações sociais.

As ideias por si mesmas não mudam a realidade concreta. Nem a história se faz por si mesma. A história é conservada, reformada ou transformada na medida em que existam atores sociais empenhados em mantê-la como místicas que galvanizam os movimentos sociais.

Demos um exemplo para ilustrar a vinculação entre mística e militância tirado dos muitos centros de defesa e promoção dos direitos humanos, tão importantes na América Latina em razão do nível estrutural das operações. Tais centros, muitos deles vigiados, caluniados e perseguidos, vivem da crença inarredável na dignidade de cada pessoa humana, antes de qualquer definição como patrão ou operário, negro discriminado ou branco opressor, mulher reprimida ou homem machista, assaltante de banco ou banqueiro.

Cada ser humano, homem e mulher, jovem ou adulto, é sujeito de direitos inalienáveis. Todos, por sua participação, podem e devem ser construtores de seu destino pessoal e coletivo. É nisso que se revela a essência da natureza humana, que é a liberdade e a criatividade.

Quando a liberdade é negada ou se impede a criatividade, seja participando na sociedade, seja tomando iniciativas no âmbito do privado ou do público, impõe-se ao ser humano uma profunda frustração. Nada poderá substituir a liberdade e a criatividade. Nem o bem-estar material, nem a profusão de bens culturais, nem as promessas de vida eterna. O ser humano prefere perder o pão a perder a liberdade. O pão comido na opressão tolerada é amargo e desonroso.

A militância, fruto da paixão e da mística, ganha força quando feita em contato direto com as vítimas das violações dos direitos fundamentais. Aí se percebe claramente que a militância tem muito mais a ver com pessoas concretas do que com ideais e ideias. Em suas vidas destroçadas e em seus rostos vincados pelo sofrimento percebe-se também uma dignidade escondida, um vigor secreto que nos anima.

Aquilo que a fé nos diz aí se confirma: os humilhados e ofendidos são de fato os continuadores do Servo sofredor Jesus Cristo; como o crucificado, eles também gritam, eles também querem viver e ressuscitar. Nos avanços que conseguem, através de seus movimentos e articulações, anunciam-se os sinais da ressurreição que está em curso na história sempre que a vida justa triunfa sobre os interesses menores.

Em conclusão, a mística é a própria vida tomada em sua radicalidade e extrema densidade. Cultivada conscientemente, confere à existência sentido de gravidade, leveza e profundidade. A mística sempre nos leva a suspeitarmos que, por trás das estruturas do real, não há o absurdo e o abismo que nos metem medo, mas vigem ternura, acolhida, o mistério amoroso que se comunica como alegria de viver, sentido de trabalho e sonho benfazejo de um universo de coisas e pessoas confraternizados entre si e ancorados fortemente no coração de Deus, que é Pai e Mãe de infinita bondade.

A crise da racionalidade e a emergência do espiritual

Frei Betto

Nos últimos anos há, em todo o mundo, uma emergência da mística. No Brasil, além do êxito dos livros de Paulo Coelho, nas últimas bienais (Rio de Janeiro e São Paulo) os livros mais procurados e vendidos, junto com os infantis, foram os esotéricos, incluídos os de espiritualidade.

A espiritualidade é uma experiência mística, mistérica, que adquire uma conotação normativa na nossa vida. A mística é experiência fundante no ser humano desde que existe na face da Terra, mas há diferentes espiritualidades ou modos de vivenciá-las. Na tradição cristã são bem acentuadas as espiritualidades beneditina, dominicana, jesuítica e franciscana e, hoje em dia, a dos movimentos leigos como as Comunidades Eclesiais de Base e os carismáticos.

Quais as razões dessa emergência da mística e da espiritualidade, hoje?

A primeira é a crise da racionalidade moderna, ou seja, da nossa maneira de entender o mundo, tributária da filosofia de Descartes e da física de Newton. A realidade parece não ser mais perceptível de um modo global. Torna-se cada vez mais difícil elaborar tratados, suma teológica ou mesmo enciclopédia. Toda nossa percepção do real é fragmentada e fragmentária. A resposta à pergunta "o que é a Verdade?" nenhum de nós, individualmente, é capaz de dar; e talvez o silêncio de Jesus tenha sido porque a Verdade não poderia ser definida em palavras. A Verdade estava na atitude de vida de Jesus. Esta era a Verdade. E estou de acordo com Dostoievski: "Ainda que me provassem que Jesus não estava com a Verdade, eu ficaria com Jesus".

A crise da racionalidade traz, no bojo da crise da modernidade, a impressão de que já não existem parâmetros ou referências institucionais. Desaparecem as grandes narrativas. Durante muitos séculos, as referências da pessoa humana foram exteriores a ela, míticas cosmológicas, mundividências, esquemas religiosos... até que, na Renascença, o homem e a mulher tornaram-se medidas de todas as coisas.

Agora, a crise de racionalidade leva a um questionamento de todos os esquemas, de todas as ideologias, de todas as ciências, de tudo aquilo que pretende ser uma explicação suficiente do real. A insuficiência das explicações vem da própria imprevisibilidade do real. Até há poucos anos, acreditávamos que a história obedecia a uma evolução linear, passando de modos de produção menos desenvolvidos para modos cada vez mais aperfeiçoados, como do capitalismo para o socialismo. Hoje, constatamos, perplexos, que isso não é verdade. Constatamos também, na experiência mais pessoal, que aquelas referências exteriores, institucionais, deixam muito a desejar. De certa maneira, sobretudo os jovens fazem com a espiritualidade o que passaram a fazer com a moda a partir da década de 1970. Não mais o figurinista e o figurino, a moda padrão. O rapaz ou a moça tira dos guarda-roupas do irmão, do pai, da avó, da tia, uma peça aqui, outra acolá, e monta a sua própria moda.

Hoje, faz-se isso com a experiência religiosa. Um pouco do cristianismo, um pouco do budismo, um pouco do candomblé, um pouco do santo daime, enfim... e cada um monta a sua experiência religiosa. Porque nenhuma experiência parece suficiente para responder às ansiedades suscitadas pela crise da racionalidade.

No bojo dessa crise, um segundo fator: a falência do socialismo no Leste europeu. Ela é tão grave, do ponto de vista da nossa mundividência, da nossa maneira de entender o mundo, quanto a Aids do ponto de vista da nossa pessoalidade, da nossa relação com a fonte da vida. Assim como a Aids toca o cerne da vida, a falência do socialismo toca o cerne da nossa utopia. Ou seja, como é possível construir um projeto novo de sociedade? Como é possível construir homens e mulheres novos se o embrião desse projeto, que era o socialismo, fracassou, não por força da pressão do sistema capitalista, mas por insuficiência interna, pelas próprias contradições que carregava?

Somos contemporâneos do fenômeno e, por isso, talvez não tenhamos a isenção de futuros analistas em relação à falência do socialismo no Leste europeu. Mas, numa análise imediata, constatamos que não se levou em conta a questão da subjetividade humana no projeto socialista. Por quê? Porque o marxismo, nos seus fundamentos, não abordou mais profundamente o tema da subjetividade. Não porque Marx tivesse qualquer preconceito em relação a essa questão filosófica, mas por duas razões: primeiro, depois de passar pelas críticas da religião e da filosofia, de fato Marx estava mais empenhado na crítica da questão econômica. Segundo, porque ele não viveu suficientemente para terminar o projeto da sua obra clássica, *O capital*. Pôde apenas terminar, dos três tomos de *O capital*, os dois primeiros; o terceiro foi editado em cima das notas que deixou.

Marx pretendia, após analisar exaustivamente a economia do capitalismo, abranger a política e a ideologia. Possivelmente, ao estudar a ideologia, teria que trabalhar o tema da subjetividade. Mas não houve tempo. Com isso, a questão não só ficou posta de lado, como também deixou um vazio que foi, de alguma forma, substituído por certa inspiração positivista no modo de o marxismo entender a ciência e a organização social. Acreditava-se que se criássemos uma sociedade de produtores com uma articulação institucional de sistemas produtivos objetivamente bastante perfeita, geraríamos, de modo mecânico, homens e mulheres novos. E isso não aconteceu. Entre um modelo de socialismo que partilha os bens, dá dignidade e condições de vida a todas as pessoas, e aquilo que vai no coração delas, há uma grande distância. O desejo é infinito, não se esgota em nenhuma ideologia. Não há explicação que faça tapar o buraco que cada um de nós traz no centro do peito.

Essa questão levou a uma contradição básica dentro do socialismo. Saciou, de certa forma, a fome de pão, mas não a de beleza. O sonho era proibido. E o sonho oxigena nossa vida espiritual. Sem ele não podemos viver, não podemos alimentar a esperança e a utopia.

O Leste europeu vive, atualmente, um acelerado processo de latino-americanização. Sem entrar na análise da crise do socialismo, creio ser uma das razões pelas quais está havendo uma busca de espiritualidade diante da crise da racionalidade e da subjetividade, que merece ser melhor trabalhada na dimensão do político. Por isso fala-se tanto em ética na política. Constata-se que não se pode fazer uma casa nova com material velho. Se não enfrentarmos o desafio de criarmos, já, homens e mulheres novos, não construiremos uma sociedade nova. Não se trata de inverter o processo "primeiro vamos salvar o mundo e, depois, as pessoas" e voltar à velha fórmula de "primeiro mudamos as pessoas, depois, o mundo". A questão é dialética. Não vale perguntar o que veio primeiro, o ovo ou a galinha. Os dois vêm juntos. Têm de ser trabalhados simultaneamente.

Uma outra questão: toda a nossa experiência de mística e de espiritualidade foi apropriada pelas instituições religiosas e, portanto, domesticada. Ser contemplativo se tornou um luxo reservado àqueles que têm uma vocação especial e, portanto, vivem de maneira muito singular em lugares reservados, como os mosteiros. Quando vamos a uma livraria católica, como Paulinas, Vozes ou Loyola, há uma seção de espiritualidade, cercada de estampas, fotos, referências ou símbolos do que seria uma experiência de espiritualidade: lagos paradisíacos, montanhas ao pôr do sol, bosques ao amanhecer... Eu ficava com cara de besta olhando aquelas fotos e pensando: "Coitados dos meus companheiros lá do ABC, que respiram fumaça o dia inteiro no transporte, suportam barulho naquelas montadoras de carro e mal têm tempo de dormir, devem acordar às quatro da manhã e pegar o ônibus para a Volks, a Mercedes, a Scania... eles nunca vão poder chegar a esse grau sofisticado de vida espiritual, que é a contemplação, pois, para curtir um bosque desses só mesmo viajando para a Suíça". Aliás, aquelas fotos são, quase todas, de matrizes europeias. Essa apropriação elitizou a experiência da espiritualidade. Com a mística houve repressão, na medida em que a experiência mística, por si mesma, é profética e, portanto, questiona o poder eclesiástico. Ela é profundamente ameaçadora. Daí toda uma domesticação das formas de espiritualidade.

Para preencher esse vazio, principalmente do laicato, que não tem acesso à vocação especial a que me referi, surgem fórmulas espiritualistas profundamente solipsistas. O que é solipsismo? Solipsismo é quando, na experiência espiritual, sou a referência. Solipsista é o sujeito que se gaba de se sentir mais próximo de Deus do que a maioria dos mortais. É o sujeito que diz: "Coitados dos outros, são tão pecadores! Ainda não entraram para o meu movimento, não sabem o que é viver Deus, não sabem o que é ser amigão de Cristo..." Isso é o solipsismo, um grave desvio espiritual. (Quero fazer uma ressalva séria e justa: a crítica a certos movimentos não significa uma crítica aos membros do movimento.) Muitas pessoas podem ter experiências espirituais válidas sem necessariamente incorporarem esse solipsismo que critico.

Uma das características desses movimentos é que, em geral, nasceram em países onde havia não só um regime ditatorial, como a instituição Igreja tinha boa convivência com ele, como no caso da Espanha. Havia, portanto, uma espécie de divisão do trabalho: o Estado cuidando do corpo e a Igreja, da alma. Muitos desses movimentos tiveram origem na Espanha durante a ditadura de Franco. E como não cabia à Igreja e aos cristãos se imiscuírem nas questões sociais e políticas, porque isso era função do Estado abençoado pela Igreja, então os movimentos ali surgidos trazem forte característica de privatizadores da fé. Destituem a fé cristã da sua dimensão social e política, tornando-a uma experiência intimista de autossalvação pessoal. Aqueles que entram para o movimento têm acesso a esse consolo salvacionista, que independe de raça, idade e situação social. É válido para a pessoa que está na miséria (Jesus estende a ela a possibilidade de, já, agora, experimentar o consolo, a sensação nítida de que também figura entre os eleitos), assim como para o banqueiro, que experimenta no espírito a efusão do Espírito Santo sem deixar de ser banqueiro e mudar a sua relação objetiva com a vida, seu mecanismo de exploração e de especulação financeira. É fantástico! É um cristianismo *prêt-à-porter*. É o que chamo de espiritualidade de resultado.

Amor e justiça como frutos da espiritualidade

Frei Betto

Vivemos no mundo da eficácia. Temos dificuldade de rezar, porque só nos ocupamos do que vai render algum fruto imediato. Portanto, se abraço determinado modelo de espiritualidade, a primeira pergunta que me faço é: que proveito isso terá para a minha vida? Como pastor ou sacerdote de uma comunidade, eu asseguro aos fiéis, por exemplo, a cura das doenças. "Venha para a comunidade e você será curado." Há uma compensação, uma relação de negócio, uma permuta. Você se torna discípulo e, em compensação, terá um efeito imediato: a cura, o êxtase ou o consolo.

Na espiritualidade de resultado, raramente são colocados os frutos da espiritualidade evangélica – o amor e a justiça. Amor entendido na sua dimensão mais profunda: ser capaz de aceitar e conviver com o diferente. A grande dinâmica do amor de Jesus é a ausência de qualquer atitude colonialista do tipo "todos têm que entrar no meu modelo", como os próprios discípulos propuseram quando voltavam da missão: "Encontramos gente batizando e curando em teu nome. Vamos lá reprimi-los... ou o que fazemos? Porque não são dos nossos." Jesus mandou respeitar, como se dissesse: "Eles somam com a gente, não importa que não sejam do nosso grupo." Jesus percebeu a universalidade de sua proposta, captada por outros que estavam fora da visão e da lógica judaicas. Recorde-se a grande disputa entre Pedro e Paulo, na *Carta aos Gálatas*. Pedro achava que para ser cristão era necessário, primeiro, aderir à espiritualidade judaica, porque a pagã era imunda aos olhos dos judeus. Ele teve a resposta quando viveu, em Jope, a experiência daquele lençol cheio de coisas imundas, aos olhos dele, e o anjo disse: "Vai e come, porque tudo isso é puro!" Foi quando percebeu que a sua visão é que estava deturpada (At 10,3-18).

Se o amor e a justiça se colocam como sinais objetivos, do ponto de vista subjetivo os frutos são a paz e o destemor. O contrário do medo não é a coragem, é a fé. A espiritualidade evangélica leva à paz interior. A paz do cristão não se faz de muros ou de ausência de conflitos, mas da absoluta segurança de que Deus é senhor da sua vida. Haja o que houver, não há nada que possa romper essa unidade. Portanto, destemor. Podemos medir como anda a nossa fé pelo nível de medo que sentimos perante a vida. O destemor suscita a atitude profética.

Os *Atos dos Apóstolos* afirmam que "nele vivemos, nos movemos e existimos" (17,28), quer dizer, estamos banhados da Presença Divina – que exige um recuo diante do real. O real não é só aquilo com o qual entramos em contato e pelo qual mediatizamos a nossa relação com os demais, a natureza e o trabalho. O real é também dotado de sacralidade, exige um recuo para que possamos apreender o seu fundamento. O silêncio diante do real é uma experiência que nós, ocidentais, não temos. Isso não faz parte das nossas tradições culturais. (Ou, recorrendo a uma frase de José Marti, "fechar os olhos para ver melhor". Era assim que Marti definia a morte, uma experiência de fechar os olhos para ver melhor. É uma belíssima definição de ressurreição.) Eis o fundamento da experiência contemplativa. O contemplativo é aquele que sabe fazer silêncio no sentido etimológico de selo. O selo de Deus me guarda. Como ensina santo Tomás, quanto mais vou ao encontro de mim mesmo, mais descubro em mim um Outro que não sou eu e, no entanto, é o fundamento do meu existir. A descoberta de Deus é sempre mediatizada pela autodescoberta. Quando rezo, encontro um outro que não sou eu, mas que, no entanto, apela para que eu seja o meu Eu verdadeiro. Por isso, muitas vezes deixo de rezar, porque temo esse encontro com a minha identidade mais genuína.

A espiritualidade corrente ou institucional privou-nos desse conteúdo na medida em que doutrinou a experiência da contemplação. Ficamos com a cabeça cheia de discursos sobre Deus. Sabemos falar de Deus, sobre Deus, e até falar com Deus. Mas somos analfabetos quando se trata de *deixar Deus falar em nós.* Isto soa, no mínimo, muito estranho aos nossos ouvidos. O que significa Deus falar em nós? Quando a iniciativa cabe a nós, pragmáticos ocidentais, cheios de espiritualidade de resultado, é fácil. Quando invertemos o processo e o sujeito da oração é a Trindade, nossa cabeça embanana. Soa muito estranho.

O desafio que se coloca à luz dessa visão do que é a mística e a espiritualidade, e dos fatores críticos da experiência e da cultura religiosa que trazemos, é tentar retrabalhar a leitura da história da espiritualidade, principalmente no Novo Testamento, e partilhar o que estamos desvendando em termos de possibilidade, vinculado a uma espiritualidade que tenha como resultado não o solipsismo espiritual, mas o político (com P maiúsculo): a transformação radical do mundo e das pessoas, hoje.

Instituição, mística e profecia

Leonardo Boff

De modo geral, a instituição não gosta dos místicos. Ela gosta das pessoas que falam em nome do papa, do bispo, da doutrina... O místico não se refere a nada disso, ele fala em nome de Deus. O Deus que ele experimenta. Por isso o místico é fundador. Ele não parte do fundado, daquilo que existe. Max Weber analisa em seus textos os dois tipos de liderança que mais influenciam a sociedade: a sacerdotal, que não inventa o cânone, não inventa a missa, portanto a do político que não inventa a sociedade, que apenas a faz funcionar, mantém o *status quo*, não muda nada, e a profética, do político que sonha com uma nova sociedade, do subversivo, daquele que não reproduz, mas inventa.

O cientista que está dentro do paradigma, que está na universidade, que faz funcionar a ciência normal, é repetitivo. Não inventa nada. Sabe tudo o que é de sua ciência, aplica e faz funcionar. Tem uma atitude sacerdotal diante da ciência construída. Mas há outro com atitude profética, que é inventor, é herege da ciência. Busca nos alquimistas ideias novas, fantasias, e vai testando. Quem é o criador? É este, o herege da ciência. Se alguém é fiel ao paradigma científico, continua sempre dentro da física. Nunca vai ser um Einstein ou um Heisenberg.

O místico é figura perigosa para a religião. Dou um exemplo: São Francisco. Normalmente dizemos: é uma figura que se adaptou... é um dos santos fundadores de toda uma espiritualidade que insere no encontro com Deus o pobre e o cosmos. Insere o pobre não só com atitude de prática de solidariedade, mas com atitude de emigração do centro para a periferia. Ele, que era da burguesia, deixou-a e foi morar com os leprosos. Houve uma troca de lugar social. Posso continuar como sou e ser solidário com os pobres. Outra coisa é viver como os pobres, assumir o universo do pobre e, a partir daí, descobrir dimensões novas de encarnação, da via-sacra... Ele inventou a via-sacra, inventou o presépio, inventou a eucaristia fora da igreja... Foi ele quem conseguiu que o padre levasse junto a "pedra d'ara", que guarda as relíquias de um santo, para celebrar a missa no campo, na rua, onde está o povo. Fez uma descentralização. Foi criativo.

À medida que São Francisco se mostrava criativo, Roma o cerceava. A regra dele eram versículos da Bíblia, do Novo Testamento. O papa pressionou estipulando que, para ser frade, era preciso observar os três votos: pobreza, obediência e castidade; obedecer ao papa Honório e a todos os seus sucessores. São Francisco teve de aceitar, porém a muito custo. Ele havia feito uma regra; o que havia de mais evangélico sumiu. Fez uma segunda, os provinciais roubaram-na e disseram: "Assim não dá! Tem que ser conforme São Bento, tem que ser conforme São Basílio". São Francisco reuniu todos os frades e afirmou: "Não quero saber de Basílio, não quero saber de Bento, não quero nada. Quero ser o louco de Deus. Quero a via do Evangelho. A via da loucura". Loucura, para quem está na Igreja organizada. Para quem está para além dela, é carisma e novidade.

Antes de acabar de escrever a regra que seria aprovada, sofreu a famosa grande crise, quando se retirou e foi viver sozinho no mato, para servir aos leprosos. Durante um ano e meio não falou com nenhum frade. Só duas vezes Frei Leão o visitou e ele falou. Qual era a crise? Não aceitava mais a instituição: os frades criando conventos, se organizando. Para tanto era preciso possuir bens, comida, casa para agasalhar os noviços, para ensinar... Francisco não queria nada disso! Queria o movimento evangélico de rua. E o papa com a regra, a organização, a obediência... Só no fim ele resolve a crise num profundo ato de humildade, dizendo que aceita pelo Cristo crucificado, presente nas instituições e na Igreja do poder. Morre dentro dessa grande crise. As biografias ocultaram-no, porque é importante mostrar que os frades são obedientes ao papa. São parte da Igreja. Porém, os mais fiéis a ele, *os fraticelli*, não obedeceram e foram excluídos, excomungados, entregues à Inquisição. São Boaventura, considerado o verdadeiro fundador da Ordem Franciscana, e não São Francisco, manda queimar todas as biografias existentes, os testemunhos dos confrades, e faz ele mesmo a biografia canônica, boa para os noviços. Normatiza. Cria as Constituições Gerais, cujo centro é a aprovação do papa.

Francisco manteve-se dentro da instituição com grande sofrimento, porque era suficientemente místico para descobrir que Jesus está na Igreja, só que crucificado. A transcendência crucificada dentro do poder.

Um outro parecido com ele foi Teilhard de Chardin, que tinha a mesma experiência de base: a da redescoberta do sagrado no cosmos e de Deus no mundo. Chama irmão a cada coisa, Deus está ali. Teilhard de Chardin é, no mundo moderno, um grande místico, antropólogo, geólogo, paleontólogo, que escreveu o famoso livro *O meio divino* (*Le milieu divin*). Um homem que veio da cosmologia moderna, do mundo em evolução, e percebeu que o Cristo não é só mediterrâneo, não é só encarnado na nossa história, mas tem uma pré-história, como nosso corpo e a psique têm uma pré-história também de milhões de anos. Cristo está no começo da organização do mundo, da matéria, e vem evoluindo – a Cristogênese –, vem sendo concebido no seio, no ventre cósmico, até nascer. O universo é crístico. Vem marcado por Cristo.

A espiritualidade dos anos de 1920 e de 1930 era uma espiritualidade da vontade, da jaculatória, da boa intenção. Quando me levanto de manhã, faço tudo por amor a Deus e, durante o dia, me acostumo a marcar com jaculatórias as minhas ações, tornando-as meritórias, com a vantagem de que cada jaculatória vale sete anos, trezentos dias de indulgência etc. Se você não tem a reta intenção, se escreve um livro e se converte um milhão de pessoas, mas não fez a boa intenção de converter, não vale nada como mérito diante de Deus, porque a boa intenção é que dá valor. A coisa em si é meramente profana.

Segundo Teilhard, essa é uma espiritualidade voluntarista, chata, da consciência aterrorizada em ter méritos. Esquece que Deus está misturado na matéria. O Cristo cósmico está aí dentro, vem nascendo; desde que eu faça bem o que faço, estou em sintonia com Deus.

O meio divino é uma atmosfera divina, onde se está mergulhado. O livro não é publicado e recebe censura, mas é distribuído em forma de cartas à roda de amigos dele. Roma obriga o Geral da Ordem a transferi-lo para a China, onde não há cristãos. Celebra missa na embaixada francesa e, aos domingos, tem licença de jantar com os franciscanos, com os quais pode falar de teologia. Vinte e cinco anos fica na China, longe das discussões teológicas, da renovação dos anos de 1930 e de 1940. Só em 1950 recebe licença para voltar a Paris. Das obras – já eram muitas escritas –, nenhuma é publicada. Todas censuradas. Teilhard de Chardin morreu em 1955, no dia em que desejava morrer, na Páscoa. Depois publicaram as obras, graças à coligação de notáveis das academias, que pressionaram Roma a liberar a obra, que não acabou de ser publicada ainda.

Disseram-me, quando tomei minha decisão de deixar o ministério: "Você tem de ser como Teilhard de Chardin, pode ir para a China, mas fique na Ordem". Teilhard tinha o seu carisma, eu tenho outro. Ele tinha uma compreensão da Igreja, como bom jesuíta, que eu não tenho mais. De que a Igreja é algo absoluto. Para mim o absoluto é o Reino de Deus, e se me mandam sair do Reino de Deus, eu digo não. Podem me matar, mas eu não saio.

A Igreja eu relativizo. São Francisco não se submeteu e lutou até o fim e, por isso, no seu testamento, que é o que deixou de mais genuíno antes de morrer, registra: "Ninguém me ensinou como devia viver. Nem a Igreja, nem os padres, nem os teólogos. Foi Deus mesmo quem mo revelou. E revelou-me que devia deixar o mundo e ir para o meio dos leprosos". Que mundo é este? O mundo organizado? O mundo de Inocêncio III, o papa mais rico da história da Igreja? Príncipe do Mundo era o seu título, porque até o duque de Moscou era suserano, submetido a ele. Tinha exércitos. Criou o primeiro banco da Europa, que subsiste até hoje, o Banco do Espírito Santo, o Banco do Vaticano. Mas Francisco não se submeteu ao seu projeto.

Quando morreu Inocêncio III, que aprovara em 1209 a regra, uma coletânea de textos bíblicos, Francisco foi ao seu velório em Perúgia. Embalsamaram o papa e vestiram-no cercado de todas as jóias, coroas e tudo que havia de precioso, à espera de reis, príncipes e súditos do mundo inteiro. Mas os ladrões entraram de madrugada na catedral, depenaram o cadáver e o deixaram nu. Francisco, que não tinha onde passar a noite, estava dormindo dentro da catedral, escondido num canto escuro. Ele tirou o habitozinho, todo furado, e cobriu as "vergonhas" do papa. É um símbolo dessa Igreja do poder, que os ladrões podem depenar e levar. São Francisco, símbolo dos pobres, salvou a dignidade do cadáver.

Frei Betto relançou, em 1997, seu estudo sobre Teilhard de Chardin (*Sinfonia universal – a cosmovisão de Teilhard de Chardin*. São Paulo: Ática). Nele, Betto mostra que o pensamento de Teilhard é tão atual que ajuda a compreender e a descobrir Deus no mundo de hoje..

Eucaristia e socialismo

Frei Betto

Referi-me à falência do socialismo no Leste europeu e não do socialismo em geral. Continuo acreditando com muita convicção e não por motivos ideológicos, mas aritméticos, que o socialismo é sonho de futuro (mais do que nostalgia de passado), pois este Planeta tem mais de 6,5 bilhões de habitantes. Se nós, aritmeticamente, considerarmos os recursos disponíveis, se levarmos em conta que quase metade da população passa fome, veremos que, ou socializamos esses recursos, ou a humanidade não tem futuro. É uma questão aritmética a partilha dos bens, mero reflexo da mesa eucarística.

O que é mesa eucarística? A eucaristia é o mais socialista dos sacramentos da Igreja, porque celebra a partilha dos bens da Terra e dos frutos do trabalho humano. Só assim podemos nos chamar, uns aos outros, de irmãos e, a Deus, de Pai. Cada vez que celebramos a eucaristia os reacionários deviam chamar a polícia, porque estamos questionando a ordem social, que não partilha a comida e a bebida do mesmo modo. Nesse sentido, acredito que a humanidade não terá futuro sem a socialização dos bens e, sobretudo, do bem maior – a vida –, graças à solidariedade entre as pessoas.

Faliu o modelo de socialismo na Europa, o modelo soviético, que tinha muito de raiz czarista, do império russo. Perguntam-me se foi bom. Não sei. Desconfio que não foi bom por um lado. Mas, com todos os erros que apresentou, o socialismo soviético, comparado com os países do Terceiro Mundo, foi um avanço, na medida em que, lá, as pessoas não morriam antes do tempo. Pelo menos como vida biológica, todos tinham assegurado o dom maior de Deus.

O capitalismo inteligentemente privatiza os bens materiais e socializa o sonho. Você não tem pão para comer na favela, mas passa a noite assistindo a uma belíssima telenovela que o leva Pantanal adentro, a Hollywood, a mansões... E sonha que isso está ao seu alcance. O limite entre o sonho e a realidade é uma telinha eletrônica. Existem os que são um pouco apressados e já saem com uma arma calibre 38 na rua, para tentar conquistar o sonho. São fenômenos provocados pela mídia. Acabou a abnegação dos pobres.

O socialismo fez o inverso. Socializou os bens materiais e privatizou os bens simbólicos. As pessoas em geral não podiam sonhar, não podiam propor uma sociedade alternativa. Só o partido tinha direito ao sonho. Mesmo em Cuba, que considero um passo adiante se comparada ao resto da América Latina, o socialismo não é perfeito. Foi o único país da América Latina que logrou, em cinquenta anos, graças ao socialismo, equacionar e erradicar os problemas sociais básicos. Lá, todas as pessoas têm alimentação, escolaridade, saúde, emprego, mas agora o país vive dificuldades terríveis, não por culpa do socialismo, mas do bloqueio dos Estados Unidos (que impede o governo cubano de ter relações comerciais com muitos países), e do fim da União Soviética que, de certa forma, ajudava a Ilha a se manter. Cuba não esperava que essa dependência um dia pudesse terminar e que tivesse de enfrentar o futuro com recursos de autossuficiência. Daí a grande crise econômica e social que sofre atualmente. É uma questão moral a nossa solidariedade ao povo cubano, até por uma razão muito simples: que futuro queremos para Cuba? O presente da Guatemala, de Honduras, do Haiti ou mesmo do Brasil? O fim do socialismo cubano significaria a volta da desigualdade social, de crianças de rua, da ostentação ao lado da miséria, e de tudo o mais que existe de ruim no Continente.

Repito: não devemos ser ingênuos a ponto de achar que o sistema cubano é perfeito – há erros, equívocos de base, cometidos por razões históricas. Quando criticamos qualquer pessoa ou situação – isso vale para o socialismo –, precisamos ter em conta os seus condicionamentos históricos estruturais. Hoje há preocupação em Cuba de liberar o sonho, inclusive através da educação popular. O que é educação popular? É levar o indivíduo a organizar-se em movimentos populares e ser sujeito do processo político. Toda a autocracia do socialismo tem muito mais a ver com o modelo imperial russo do que com os próprios fundamentos do socialismo.

Teologia da Libertação e espiritualidade popular

Frei Betto

A dificuldade da Teologia da Libertação é captar a riqueza da espiritualidade dos pobres. Nós, assessores, pastoralistas e teólogos, estamos longe de fazer uma leitura profunda da espiritualidade dos pobres, porque fomos formados numa leitura preconceituosa. Exemplo: as devoções marianas na América Latina. Do alto da nossa teologia acadêmica, dizíamos que eram superstição, tradicionalismo, mas a Teologia da Libertação, no momento em que parte do pobre como sujeito, muda a sua ótica em relação à devoção mariana. Não é mais a do pré-conceito, mas a da indagação. Por que o pobre tem essa profunda devoção a Maria? Por que Nossa Senhora é tão importante na religiosidade popular? Já descobrimos muitas respostas, aprendemos muito, com isso, mas estamos ainda distantes do que está lá dentro. É um tesouro do qual vemos a superfície, as primeiras pedrinhas coloridas. O ouro mesmo está lá no fundo.

Exemplo disso é Nossa Senhora Aparecida. Descoberta a imagem no início do século XVIII, em tempos de escravidão, pela ótica dos negros era um símbolo libertador: a rainha deles era do Céu, mãe de Deus, e tinha a mesma cor das mulheres da senzala.

A espiritualidade do pobre não é doutrinária e institucional. É também animista, incorpora fatores de outras tradições religiosas, e está muito vinculada a uma visão sacralizante da natureza. *Pacha Mama.* Lembro-me das comunidades de base no meio dos índios, no Peru, e eles contando que, quando alguém confessava os pecados na comunidade, a penitência era subir a montanha sacralizada como a Pacha Mama, a Mãe-Terra. Quem sobe a montanha, paga a penitência, expia os pecados, porque venera aquela que é a origem de toda vida, a terra.

É outra lógica, da qual ainda estamos, devido às nossas categorias greco-romanas, a quilômetros de distância. É preciso passar por uma *kénosis* epistemológica para captar o pobre quando ele almoça Deus, dorme Deus, xinga Deus, vai com Deus, graças a Deus, por Deus, pelo amor de Deus... Um Deus que se come, se bebe, se dorme, se dança... E ficamos com o nosso Deus do catecismo, "perfeitíssimo, onipotente, onisciente", não sei quantos entes... Estamos ainda com o Deus da ópera e, eles, com o Deus do samba...

Espírito e corpo

Leonardo Boff

Estimo que não há, num nível radical, diferença entre mística e espiritualidade. A compreensão comum, cultural, inscrita em nossa cabeça, que não é bíblica, mas grega, transformou-se em elemento do edifício teológico cristão, define o ser humano como corpo, de um lado, e espírito, do outro. Então, e o espírito é parte, não a totalidade do ser humano. A morte separa corpo e espírito. O corpo fica aqui, o espírito é julgado diante de Deus.

Essa visão é profundamente dualista e não traduz a experiência que fazemos. Por isso há um conceito de espírito que é bíblico, e que se articula com a redescoberta do conceito de espírito feita pelo pensamento moderno.

Para a Bíblia, existe o homem-carne, a totalidade do ser humano enquanto voltada a esse mundo, e que sofre, vive, morre. Quando se fala que "o Verbo se fez carne", significa que se fez homem fraco, que chora, sofre e se alegra. Existe o homem-corpo – é o ser humano enquanto se relaciona na comunidade. É um conjunto de relações.

Quando São Pedro diz que a Igreja é o corpo de Cristo, o que significa? Não é o corpo no sentido de que uma parte de Cristo, o corpo, está aqui, e outra, o espírito, está lá. A Igreja, como corpo, é a comunidade, o conjunto das relações, o que me faz viver numa comunidade. Portanto, o homem-corpo é a pessoa humana, o conjunto das relações. Há também o homem-espírito, a totalidade do ser humano enquanto se relaciona com Deus. Quando sonha para cima, transcende essa totalidade aqui numa destinação eterna, divina: eis o homem-espírito.

O que diz o pensamento moderno a partir de Descartes e, principalmente, de Hegel? Hegel escreveu uma obra fundamental para se entender toda a cultura moderna, a *Fenomenologia do espírito*, com a qual Marx discutiu sempre. Fenomenologia são as manifestações do espírito na consciência. Espírito é o ser humano na sua totalidade enquanto ser que pensa, que decide, que tem identidade, que tem subjetividade, é sujeito. Uma caneta não é sujeito. Ela não se pensa a si mesma, não cria identidade. Então, espírito é o modo de ser. Não é uma parte do ser humano, é uma maneira de ser desse ser exótico da natureza que aparece como homem e mulher, na medida em que ele faz história, isto é, constrói a si mesmo junto com os outros. É um ser cultural, da natureza, mas que atua sobre ela, modificando-a: destruindo-a ou pilotando-a positivamente. É um ser ético, que decide os prós e contras, que tanto pode desejar o bem do outro, associando-se a ele, como pode rejeitá-lo, eliminando-o.

No fundo, Hegel define espírito como liberdade. E a história humana é a história da liberdade. E a história da liberdade é a história da participação, da decisão com o outro, liberdade para isso e para aquilo. É exatamente o sentido bíblico de homem-espírito, na medida em que trabalhamos a nossa subjetividade, nossa capacidade de criar, de montar uma história, de fazer um mundo não de lobos que se devoram, mas de solidários, de humanos à luz de Deus.

Num sentido radical o espírito se remete ao Espírito Santo, ou seja, Àquilo que produz vida, que está presente em tudo. Como a Bíblia afirma: o espírito se move em todas as coisas, em tudo penetra, recria a face da terra. Espiritualidade é captar esse movimento do mundo, o seu dinamismo, a presença do Espírito nas coisas todas. E o Espírito, biblicamente, não é a tranquilidade. É o vendaval, o vento forte, aquilo que cria, que desestrutura a ordem estabelecida e inventa o novo. "Viver segundo o Espírito" é a definição que Paulo dá à vida cristã.

O Cristo também é Espírito enquanto ressuscitado. Não é mais segundo a carne, não é mais o Cristo limitado. Este morreu na cruz. Agora é o Cristo no modo do Espírito. Por isso, quem está no Cristo ressuscitado está na liberdade. É nova criatura. Se espiritualidade vem do Espírito da criatividade, da invenção, então não tem nada a ver com o que está recolhido à paz artificial, inventada. Espírito é vida e o que se opõe a essa vida e a esse Espírito é morte. Tudo o que produz vida, expande vida, defende a vida, se organiza em função da vida, é espiritualidade.

Se entendemos espiritualidade assim, então equivale ao que chamamos de mística. É viver essa radicalidade profunda, esse dinamismo que está em nós. Esse Centro do centro. Esse mistério.

Um outro grande pensador, Heiddeger, dizia que a essência do espírito humano não é só liberdade, que por sua vez é criatividade; é também o mistério. Porque se soubesse o que é a liberdade, eu a deduziria a partir de argumentos e, assim, acabaria com a liberdade. A liberdade pode ser até contra os argumentos, pode ser antilógica. O fundamento da liberdade do ser humano é a abissalidade. É a misteriosidade. Então, mistério é a profundidade, é a "definição" do ser humano, mistério que eu sempre conheço, que continua mistério em todo conhecimento, que devo continuamente aprofundar, e que nunca acabo de aprofundar. Essa é a realidade do ser humano.

Mística e compromisso social

Frei Betto

Durante muito tempo, mesmo no Brasil, a militância partidária mais radical colocou de maneira muito acentuada a questão da mística, embora não como discurso, mas como vivência. Aqueles que foram militantes do Partido Comunista Brasileiro ou participaram da resistência à ditadura militar, que se vincularam a grupos ou partidos, sabem que se exigia deles a doação da vida, porque não se entrava na militância de esquerda sem a consciência de estar sujeito à perseguição, à perda de emprego, à prisão, à tortura e ao assassinato. Isso aconteceu a inúmeros militantes ao longo da tradição de esquerda no Brasil, não só durante a ditadura militar, mas desde o início do século XX: primeiro, aos anarquistas; depois, aos comunistas; e, por fim, à esquerda mais ampla, inclusive a não comunista, surgida no Brasil a partir da década de 1960.

Quem leu os dois volumes das memórias de Gregório Bezerra percebe como aquele homem, sem nenhuma fé religiosa, vivia a mística da transformação do mundo, da justiça, da emancipação dos pobres. Quem leu também as obras de Che Guevara sente a mesma coisa. Ou os poemas de Ho Chi Minh. Ho Chi Minh é um caso curioso, porque inclusive se fez celibatário pela mística revolucionária. Dizia que a exigência da libertação do Vietnã era tão forte, que não teria tempo de cuidar de uma família. Então se fez assumidamente celibatário por força da luta. Quem conhece a vida de Prestes sabe que foi um homem admirável, coerente com seus princípios. Morreu com 92 anos, e eu me lembro dele, já idoso, fazendo palestras em escolas secundárias com a mesma convicção de quem faz renascer a esperança.

Esta é a mística do Reino. "Eu tive fome e me deste de comer. Tive sede e me deste de beber" (Mt 25,31-46). Nada a ver com aquela ideia que se tem do êxtase do monge resguardado... Toda a dinâmica do Evangelho é a dinâmica da história, do outro, da justiça, da transformação. Trata-se de uma concepção de mística altamente subversiva para a concepção pagã – vamos usar uma categoria bem genérica para distinguir da concepção evangélica. Temos certa concepção pagã, muito anterior à Bíblia, que se infiltrou no cristianismo. Monge, contemplação, mosteiro não são invenções da Igreja católica. Existiam há pelo menos seis séculos antes de Cristo.

Hoje está acontecendo com os partidos de esquerda o que ocorreu, de certa forma, com a Igreja no século IV. Como não há mais o torturador, o perseguidor, a polícia – salvo em alguns casos excepcionais –, é fácil usufruir do poder. De repente, o companheiro que estava de madrugada pichando a rua conosco vira governador, prefeito, ministro, secretário, tem carro com telefone celular. Lembro-me de são Jerônimo, em Roma, descrevendo para os amigos, em Jerusalém, o que via na Igreja, que já não era clandestina. Perplexo, assombrado, dizia: "Agora os bispos passam as tardes tomando chá e comendo biscoitos nas vilas das madames". Ele tinha vivido a Igreja das catacumbas. De repente, Constantino deu um golpe e cooptou a hierarquia da Igreja. Os partidos vivem essa tensão entre a cooptação que o poder, como estrutura, pode significar, e a exigência mística contida na proposta original dos partidos de esquerda, que é a fidelidade ao povo, a mudança da sociedade, a construção de um projeto novo e o próprio desafio de ser homens e mulheres novos.

É muito positivo que, hoje, alguns partidos transformem a bandeira da ética numa prioridade. A ética é um dos nomes da mística. É uma exigência de coerência. O revolucionário – a gente dizia isso na cadeia – é alguém que pode perder tudo. Pode perder a vida, a família, o emprego. Pode perder a boa fama. Pode perder, enfim, o bem supremo, que é a vida. Só não pode perder uma coisa: a moral.

Os partidos estão começando a perder o pudor e a discutir a questão da subjetividade. Creio que se vai chegar à questão da mística mesmo. É um pouco aquela ideia de que não sabemos nada da química do solo, mas daqui a pouco vamos nos sentar à mesa e comer batata, alface... coisas que dependem da química do solo. Alguém entende disso para produzir os frutos que consumimos.

Será que é possível construir homens e mulheres novos sem falar de mística? A mística está para esta questão assim como a química do solo para produzir os bons frutos. Temos de quebrar o tabu e o preconceito de falar sobre esse tema, que precisa ser discutido até numa mesa de bar, porque senão repetiremos o erro de nossos companheiros do socialismo, com toda uma ideologia objetivista das coisas, sem considerar a questão da subjetividade.

Os pobres: questão central da mística

Leonardo Boff

As perguntas que devemos nos fazer são: com quem me identifico? Quais as minhas convicções básicas, é o socialismo ou são os pobres e oprimidos?

A questão básica são os pobres e oprimidos porque, se for o socialismo, e este for à falência, eu vou à falência junto. Se fosse à falência porque resolvi o problema dos pobres e oprimidos do mundo, então ótimo. Quando disseram a Marx: "Criaram o marxismo e um grupo que estuda Marx", ele retrucou: "Estou longe disso. Sou antimarxista. Meu problema não é o marxismo, meu problema são os proletários e oprimidos". O pensamento e o marxismo são instrumentos para a redenção do operário e do oprimido, para resgatar a sua cidadania, a sua subjetividade social como seres participativos e criadores de relações sociais justas e dignificadoras.

Nessa crise, temos que discutir esse ponto axial. Nosso movimento mantém as convicções de base, acredita que o futuro do oprimido tem de ser resgatado? Sim, por isso continuamos sendo antissistema, apesar de o capitalismo hoje estar mundialmente integrado e ser a prática social e a ideologia dominantes. Continuamos do lado dos 2/3 da humanidade que estão marginalizados, excluídos. Embora não saibamos onde achar as saídas, não aceitamos o veredicto da história de que o capital ganhou, de que a história caminha no sentido da dominação dos mais opulentos e fortes e da marginalização dos 2/3 da humanidade. Não acreditamos nisso. Vamos manter essa opção de pensamento e de vida associando nosso destino ao desses condenados da terra. Aí se define a mística dos olhos abertos e das mãos operosas.

Místicas não cristãs e mística cristã

Frei Betto

A experiência mística e mesmo a vida contemplativa como instituição são muito anteriores ao cristianismo. Nós, religiosos, aprendemos a versão falsa de que a contemplação seria uma espécie de invenção da vida religiosa cristã, quando de fato nem a própria vida religiosa é uma invenção genuína do cristianismo.

Entre os pitagóricos, seis séculos antes de Cristo, havia comunidades contemplativas. Os vedas, os bramanistas, os hinduístas, três mil anos antes de Cristo já conheciam a ascese, a meditação, a vida contemplativa eremítica e cenobítica – que é a vida em comunidade. No Oriente, inclusive, a tradição mística é fortemente marcada por uma espécie de síntese entre o culto religioso dos hinduístas, que creem em Brama, divindade que centraliza a experiência contemplativa – e outras tradições consideradas o extremo oposto, como os janaístas, com uma ascese e uma relação muito negativista com o mundo. Em meio a essas duas grandes vertentes, cinco séculos antes de Cristo, um príncipe casado, com filhos, chamado Sidharta Gautama, abandonou a família e as riquezas, em busca do que considerava o desafio maior da vida – livrar-se da dor. Para Sidharta Gautama, conhecido hoje como Buda, o grande desafio da existência é a dor. Se nos livrarmos da dor, alcançaremos a inefável felicidade. Depois de fazer todas as experiências das tradições vedas e espiritualistas existentes na Índia, com base nessa pluralidade de experiências, ele construiu o "óctuplo caminho", um equilíbrio entre os extremos, que conhecemos como budismo. O budismo originário não se centra numa ideia de Deus. Há até quem diga que o budismo é mais uma filosofia que uma religião. É uma experiência de autolibertação, na qual o sujeito do processo libertador, do ponto de vista espiritual, é sempre a pessoa; não há um deus, uma entidade, uma graça, que estimule e reforce o esforço humano.

No tempo de Jesus, temos conhecimento de que existiram experiências contemplativas, monásticas, muito expressivas naquele contexto, como a dos essênios. No judaísmo contemporâneo de Jesus, a tradição monástica dos essênios tinha grande irradiação ideológica na Palestina. Até se supõe que João Batista teria sido discípulo ou noviço essênio, pelo tipo de vida ascética que adotou. Portanto, essa ideia de que nós, cristãos, inventamos a vida religiosa, monástica ou contemplativa, é inteiramente falsa. Não é uma invenção nossa, é algo que se incorporou, tardiamente, à vida da Igreja, somente a partir do século IV.

Os primeiros cristãos tinham duas preocupações. Primeiro, que a adesão de fé fosse uma decisão madura, adulta, ou, usando uma expressão corrente, batismo não era coisa para criança e sim para gente grande. Não era usual batizar crianças. Batizavam-se os adultos depois de longo processo de preparação, na medida em que ser cristão, no contexto do Império Romano dos três primeiros séculos, era ser candidato ao martírio. Portanto, para alguém que, conscientemente e com uma fé muito profunda, estivesse disposto a passar pela tortura, pelo martírio e pela perseguição. Enfim, morrer pela fé.

Quem lê, no Novo Testamento, a experiência da comunidade primitiva cristã, especialmente a de são Paulo, sabe como ele, viajando pelo Mediterrâneo, era um verdadeiro saco de pancadas, porque apanhava dos dois lados: dos judeus e dos pagãos. E também apanhava “em casa”, por causa da briga com a comunidade cristã, especialmente com Pedro.

Outro fator da mística cristã era o esforço de traduzir o que havia de original na proposta espiritual de Jesus e, portanto, defender-se das influências orientais, judaico-helenistas sobretudo, como gnosticismo, encratismo, estoicismo, platonismo etc. Eram influências que os cristãos consideravam negativas porque carregadas de dualismo, de maniqueísmo: a vida teria dois princípios, um bom e outro mau. Muitos ainda guardam a ideia de que somos divididos em dois campos inimigos: o corpo, que tende ao pecado, e o espírito, que tende à graça. O corpo é escravo do demônio. O espírito pertence a Deus. E toda nossa vida, nossa fraqueza, seria fruto do eterno conflito entre corpo e espírito. Daí deriva a noção de conflito entre natural e sobrenatural, sagrado e profano, inclusive a que se aprendia na vida religiosa, de que entrar para um convento sinalizava a escolha do melhor. Quem está no mundo ficaria mais sujeito ao pecado. Os religiosos seriam aqueles que seguem os conselhos evangélicos. Não só as virtudes, mas também os conselhos. (Deve haver para eles um céu assim... um grande mosteiro, um sétimo céu só para frade e freira... para os que seguiram os conselhos, os que tiveram um chamado especial.) Enfim, são ideias.

É interessante observar na Tradição, na teologia mais original da Igreja, a preocupação de se defender dessas influências, de não permitir que interfiram na nossa teologia e espiritualidade. Porém é quase impossível. Por quê? Nossa reflexão teológica sempre tem uma base filosófica, cultural, do contexto no qual vivemos. A teologia não se articula pela lógica dos anjos. Articula-se pela lógica das pessoas, e as pessoas são tributárias da cultura na qual nasceram e respiram.

Orígenes, já no século III, elaborou um tratado de ascética e mística no qual mostra como o cristão pode chegar ao conhecimento de Deus, já um pouco influenciado pelas ideias gregas de que haveria um conhecimento, uma gnose, uma forma de, na linha da intuição platônica, apreender o Supremo Bem. Com Orígenes, teve início não só a percepção de certa visão negativa do mundo, da Criação, mas também a perda da dinâmica da militância no Reino, que é a dinâmica do martírio, dos confessores, em favor de toda uma arquitetura da contemplação e da espiritualidade baseada na introversão, na ascética individual. Isso ganha mais espaço com o fim da perseguição no século IV, quando Constantino percebeu que governar contra os cristãos, que tinham apoio popular, era suicídio político. Então, melhor governar com os cristãos. E foi o que fez.

No século IV surgiu na Igreja a experiência da vida religiosa, com os camponeses do Egito, principalmente Antão. A intuição genuína na vida religiosa cristã era altamente revolucionária, por ser uma reação à cooptação que o Império fazia na Igreja. Os cristãos egípcios diziam: "Não queremos entrar nisso aí. Não queremos ser cooptados".

O que manteve a mística durante três séculos não existia mais: a perseguição, a iminência da morte. Como criar um substituto para tudo isso? Estabeleceu-se o paralelo. Não havia mais prisão, mas sim a caverna. Não havia o demônio, mas a tentação. Não havia a tortura, mas a mortificação. Não havia a morte, que é batismo de sangue, mas o êxtase, que é capaz de nos levar, neste mundo, a uma proximidade com o divino, o transcendente, a Trindade.

O monaquismo surgiu, na tradição cristã, para cobrir o vazio deixado pela adaptação da Igreja ao Império, para questionar o aburguesamento da instituição. O próprio monaquismo, aos poucos, foi racionalizando a experiência religiosa como algo que tem valor em si, não mais uma relação com o mundo, não mais na dinâmica da perseguição, do anúncio do Reino, mas algo que é uma escola ascética por si mesma, que mais tarde produziria escândalos (escândalos aos nossos olhos, porque na época se considerava absolutamente exemplar) de grandes mosteiros como Cluny: os príncipes vizinhos invejavam o abade que, em geral, também era um príncipe, tamanhas as suas propriedades, mas, na reclusão da cela, era um monge com um cinturão cheio de pregos macerando a pele. A ascese não tinha fruto de caridade ou repercussão social e política. Era o solipsismo, uma espécie de narcisismo espiritual. O monge devia contar: "Hoje coloquei mais um prego. Agora, são 113..." E disputar na hora da refeição: "Como vai sua penitência esta semana?" "Esta semana só comi pão". "Pois eu, nem pão."

Caricaturamos para mostrar como a coisa começou a ter uma lógica em si mesma, sem a referência que o Evangelho exige do outro, do social, na perspectiva da proposta do Reino. Isso é agravado pelo nosso guru, patrono e padroeiro – de todos nós, religiosos, que temos a regra dele – santo Agostinho.

Não entendo como nas faculdades de psicologia alguém pode se formar sem ter lido santo Agostinho. É o caso freudiano mais óbvio em toda a tradição cristã. Na falta de psicanalista, ele escreveu um livro chamado *As confissões*. É muito interessante: primeiro, porque muito sincero. É um testemunho que brota da vida. Segundo, porque mostra a cabeça de Agostinho, o primeiro filho de pais separados que todos nós, cristãos, ainda somos: filho da tradição unitária hebraica e do dualismo grego. Para o hebreu, não existe separação entre corpo e espírito, carne e alma, mundo e céu. O hebreu tem uma concepção tão unitária que a abstração, na epistemologia hebraica, é uma exceção e não uma regra. Quando o hebreu fala que conheceu é porque fez a experiência. É igual à atitude de uma pessoa do povo quando diz que conheceu. Você pergunta se ela sabe fazer um bolo. Se disser que sim, é porque já fez. Ninguém fala como nós, intelectuais: "Conheço muito a Finlândia... Li trabalhos sobre a Finlândia, mas nunca fui lá..." O conhecimento popular, como o conhecimento na Bíblia, é experimental, não conceitual.

Essa tradição hebraica casou-se com o dualismo grego e nós, cristãos, somos filhos desses pais, cujo casamento não deu certo. Nunca conseguiram ser uma só alma, um só espírito, um só corpo. Agostinho talvez seja a primeira grande expressão disso, alguém que reelaborou a teologia cristã com base na filosofia grega e com a ideia de que a alma é algo que precisa se libertar do corpo. Quanto mais conseguimos dominar o grande inimigo que é o corpo, tanto mais a alma se projeta rumo a Deus. O demônio age através do corpo, principalmente através do corpo da mulher... dialética que perdura até hoje na doutrina cristã entre Eva e Maria. Foi por meio de Eva que o pecado se introduziu no mundo; por meio de Maria, ele foi expiado. Eva é a sexualidade. Maria, é assexuada. Não só ela concebe de Deus, não de homem, mas virgem, como nasceu, sem pecado original. Toda uma ideia de pecado ligado à sexualidade, o que tem muito a ver com a nossa imagem de Eva. Por que ela é uma mulher má? Porque tem a ver com a vida, a terra, a procriação. Eva ousou fazer uma escolha diante do homem e de Javé. Como?! Uma mulher pode escolher?! Não. Mulher é Maria, a serva: "Eis aqui a serva do Senhor...!", e guardou no coração todas aquelas coisas, submissa, dócil...

Para Agostinho, o casamento é "um estado consentido de pecado". Durou muito tempo a discussão sobre se a alma da mulher era igual à do homem, e ainda hoje há gente que duvida. A Tradição ignorou toda a atitude profética de Maria, sobretudo a do *Magnificat*: a mulher que despede os ricos com as mãos vazias sacia de bens os famintos, derruba os poderosos de seus tronos e eleva os humildes... (Lc 1,46-56). Esse aspecto profético de Maria foi totalmente esquecido. Maria foi repintada e remaquiada de acordo com a conveniência de um poder patriarcal, machista, autoritário, que ainda é o poder hegemônico na Igreja católica.

No fim do século V, o Pseudo-Dionísio teve uma influência muito grande, porque veio matizar a espiritualidade agostiniana e, de outro modo, preparar a grande virada na espiritualidade cristã, que se deu no século VI, com são Gregório Magno. Discípulo de são Bento, beneditino, ele monaquizou o conjunto da Igreja, e ainda hoje há marcas disso. Era a ideia de que a Igreja devia ser um grande mosteiro e os cristãos, todos eles, seguiriam o exemplo dos monges e das monjas. O papa devia ser o abade.

Durante muitos séculos, nas ordens religiosas não havia democracia em qualquer grau. O abade era eleito pela comunidade ou escolhido pelo papa e morria abade. Vinha de cima para baixo, não havia participação da comunidade.

Na Idade Média, a partir dos séculos IX e X, sob a influência de Cassiano, reduziu-se a ideia de uma espiritualidade especulativa, gnóstica – de que, através do conhecimento, se chega a Deus –, em favor de uma espiritualidade mais devocional. A espiritualidade deixou de se calcar na filosofia para fazê-lo na devoção, através da motivação dos símbolos: procissões, via-sacra, relíquias etc. Na virada entre os séculos IX e XI, que vai preparar a espiritualidade de Francisco de Assis, já não são o conhecimento especulativo e a ascese reclusiva, monástica, que fazem aproximar de Deus, mas a devoção, a caridade, a assistência. Para resumir, a espiritualidade desce do intelecto para o coração.

Na Idade Média, entre os séculos XI e XII, surgiu uma mística profundamente afetiva, como a de Francisco de Assis: o amor à natureza, aos pobres, ao próximo. A compaixão para com os sofrimentos de Jesus. Uma nova modalidade ou um novo perfil de espiritualidade: uma espiritualidade apaixonada. Uma espiritualidade ao alcance do leigo, porque este não estudou filosofia, não estudou teologia, não leu as patrologias grega e latina, mas tem sentimento, emoção, sabe identificar-se com Jesus, faz um paralelo entre a sua caminhada e a caminhada de Jesus. Nessa linha, convém ler as obras de Leonardo Boff, *São Francisco, ternura e vigor*, e de Donald Spoto, *Francisco de Assis, o santo relutante*, que mostram Francisco como o primeiro filho do capitalismo nascente. O pai dele, Bernardone, era um fabricante de tecidos que tinha de importar matéria-prima da metrópole da época, a França. Por isso deu ao filho o nome de Francesco: “aquele que vem da França.” É como se, hoje, você desse a seu filho o nome de Américo, em homenagem à nação imperial...

Quando Francisco, no seu gesto afetivo, intuitivo, ficou nu na praça de Assis, foi mais do que uma atitude de despojamento, e sim uma recusa àquele sistema capitalista que nascia pela manufatura italiana; uma rejeição ao bem produzido à custa do aparecimento da pobreza como fenômeno coletivo. Há um gesto, uma ressonância política na nudez de Francisco na praça de Assis, porque ele estava rejeitando o que era produzido por um sistema injusto.

No século XIII começou uma sistematização da mística. Até então, a mística era vivida como gnose, experiência afetiva, mas não havia uma teologização dessa experiência, a preocupação de escrever manuais. No meio das obras de alguns, como Orígenes, passavam ideias a respeito do tema, mas ninguém pensou em escrever um manual de ascética ou um tratado de mística. Santo Alberto, santo Tomás e são Boaventura foram os primeiros, na tradição cristã, a sistematizar essa vivência.

Santo Tomás assinalava que, no centro de nós mesmos, habita Deus. Quanto mais vou ao encontro de mim mesmo, mais encontro um Outro que não sou eu. Encontro aquele verdadeiro Eu divino. É a presença de Deus no centro da alma. Surge o conceito de imanência divina, de que o que chamamos alma é a face de Deus no nosso âmago. Nossa essência é divina. Tanto mais encontro a essência divina quanto mais mergulho na introspecção.

É uma visão que não combina com a tendência latina, mais na linha do êxtase e das emoções. A tendência germânica, introspectiva, que influenciou santo Tomás, não é de êxtase. Como a teologia mística dos budistas e dos indianos em geral, ela frisa o ênstase. Ênstase é o entrar dentro de si, despojar-se de si cada vez mais e, nesse despojamento, conseguir não só a total liberdade do corpo, mas a completa nudez do espírito. O espírito, a mente, o sentimento, a emoção não devem ter qualquer forma de apego. A partir daí, se inicia a possibilidade de o espírito de Deus transbordar dentro de nós. É um pouco a imagem que, no século XVI, são João da Cruz usa – a da janela e do sol. Deus é como o sol, que se dá a todos indistintamente, abundantemente. Acontece que cada um de nós é uma janela, e alguns possuem uma cortina tão espessa que não há meio de o sol entrar, embora ele bata no vidro. Uns têm a janela muito suja; outros, empoeirada; e outros ainda com uns riscos que deixam passar só um pouquinho de sol. Ao limpá-la, não muda sua natureza, mas o sol entra com tamanha liberdade que, ao olhar em sua direção, só vemos a luz do sol, já não vemos a janela. Nessa imagem da purificação, temos que nos desnudar de toda forma de apego mental, físico, espiritual, para que Deus seja soberano em nossa vida.

Um grande místico do século XIV foi o flamengo João de Ruysbroeck, considerado até hoje um dos mais ortodoxos pelo magistério eclesiástico, sobretudo porque associa a experiência mística à sacramental e, como sabem, o sacramento ou o monopólio do sacramento nas mãos do clero reforçou a hegemonia clerical culminada com Trento, concílio que marcou, na Renascença, a clericalização da Igreja, inclusive com redução da sua força monástica. Ruysbroeck acentua a espiritualidade sacramental, trinitária, na linha da caridade, e influencia os místicos da Europa em geral, especialmente João da Cruz e santa Teresa de Ávila. Ambos são interessantes para nossa leitura atual da mística, por uma razão muito simples. A Renascença representou o fim da concepção cosmológica do mundo e o início de uma concepção antropológica. Na Renascença, deslocamos o eixo das nossas concepções do Céu para a Terra.

Uma das mais belas expressões da Renascença é o teto da Capela Sistina, no Vaticano. O que Michelangelo pintou sintetiza, de maneira genial, a revolução por ela representada. Durante toda a Idade Média, Deus era o centro; a teologia, a rainha das ciências; e o papa, o rei. A Renascença virou o mundo de cabeça para baixo. A Europa se dividiu, surgiu Lutero. Os príncipes não aceitavam mais o poder do papa. Tudo o que a Idade Média havia reprimido a Renascença acentuou, exaltou, louvou como, por exemplo, a exuberância do corpo humano.

Na Capela Sistina, o homem criado por Deus está nu. Michelangelo pintou o dedo de Deus – e Deus com toda sua grandeza, com todo seu poder, toda sua autoridade e soberania – criando o homem. O homem é tão majestoso quanto Deus. Só que Deus está todo envolto em mantos, e o homem, inteiramente nu. O movimento de arco que faz o corpo do homem é muito interessante. Michelangelo conseguiu, naquele movimento, colocar todo o pensamento renascentista, a tensão entre o corpo, atraído na direção da Terra, e o dedo, a mão, o toque, que não pode perder a sua energia divina, o contato com sua origem. É como se alguém estivesse sendo tragado pela Terra, mas ao mesmo tempo não quisesse cortar o vínculo com o Céu, com a divindade, o Transcendente.

João da Cruz e santa Teresa colocam Deus, que estava lá em cima, no centro do coração humano. Com os dois, já não é o místico que deve chegar a Deus, que habita os céus. Deus está aqui, temos é de nos abrir a Ele. Deixá-lo entrar no âmago do coração. Não é mais a ideia de um Deus inacessível, que só pode ser desvendado pelo conhecimento. É a ideia de um Deus amoroso que, como a imagem do sol, se derrama; basta abrir o coração para desfrutar esse amor.

Expressões eróticas predominam na mística espanhola: desfrutar, usufruir, alcova, amado. O belo verso de são João da Cruz "Ó noite que juntaste/ amado com amada/ amada já no amado transformada" encerra a ideia de núpcias, a alma se funde com Deus em núpcias. Resgata a concepção do *Cântico dos cânticos*, o mais místico dos textos bíblicos. A imagem da união da pessoa com Deus é idêntica à de um casal de namorados.

Teresa de Ávila e João da Cruz, por recuperarem esse sentimento tão intenso, ameaçaram. João da Cruz esteve preso por seus próprios confrades, durante nove meses, em Toledo, numa cela escura, fétida, e sofreu o diabo nas mãos da Igreja enquanto viveu. Sobre Teresa de Ávila, o núncio da Espanha escreveu uma carta em que afirma: "Essa mulher é uma desobediente contumaz, suspeita de bruxaria". Se ela não fosse uma hábil política – impressionante como conseguia sair das situações complicadas, cercada de bons teólogos da época –, teria ido parar na fogueira, sem dúvida nenhuma.

Muitos místicos que hoje são conhecidos como hereges eram místicos sim, mas questionaram o poder de tal forma que este acabou por excluí-los. Porque o poder se converte – o que é um milagre difícil – ou exclui aquele que o ameaça. Santa Catarina de Sena, por exemplo, questionava os papas. Só escapou porque era analfabeta. Se fosse um pouco letrada, possivelmente teria ido parar na fogueira. O próprio Mestre Eckhart foi considerado suspeito de heresia. Atualmente, os dominicanos movem um processo junto à Cúria Romana para anistiá-lo. O Vaticano deverá reconhecer que, no seu caso, as alegações de heresia não têm fundamento teológico.

A partir do século XVI aparece uma nova tendência mística: Inácio de Loyola. Havia uma preocupação de que a mística católica – não falamos mais da mística cristã, mas da católica, porque já havia divisão entre católicos, protestantes e ortodoxos – teria sido muito influenciada por uma tendência chamada "quietismo". O quietismo é a ideia de que, pela minha própria ascese, posso chegar à comunhão com Deus. Portanto, o quietismo não acentuava a ação da graça de Deus, que a doutrina cristã sempre sublinhou. Chegamos à experiência mística não pelo nosso próprio esforço, embora ele seja importante, mas sobretudo porque nos abrimos ao sujeito, ao protagonista dessa ação mística, que é a graça de Deus. O quietismo era acusado de psicologismo. Havia pessoas que se diziam místicas, muito espirituais, por meros desvios psicológicos, nada de acordo com a sã doutrina e, portanto, estavam sujeitas a aberrações, inclusive de ordem sexual. Como se pode ver no filme *As religiosas*, ou no livro *Eminência parda*, de Aldous Huxley, sobre uma superiora que tinha êxtases e, ora se investia da presença de Deus, ora se fazia instrumento da presença do demônio, enfim, tinha acessos de loucura. Começa, por parte do poder eclesiástico, uma severa vigilância da mística na Igreja e, sobretudo, dos métodos de meditação.

A libertação interior de imagem, de referências, de fantasias, vem da tradição oriental, muito anterior ao cristianismo, sobretudo da tradição indiana em geral, sistematizada num belíssimo livro escrito no século III a.C., o *Bhagavad Gita*. É a história de Krishna com Arjuna, um guerreiro, e a relação de amizade entre os dois representando a nossa relação com Deus. Há no livro uma dimensão de justiça. Ao lê-lo, temos a impressão de que frases inteiras foram copiadas, depois, no Novo Testamento. Há semelhanças entre a espiritualidade do Novo Testamento e a do *Bhagavad Gita*.

O despojamento interior é recusado taticamente, não doutrinariamente, pela Igreja, quando começa a valorizar as meditações tipo Inácio de Loyola, que enche a cabeça de imagens e também coloca os sentidos na meditação. Por exemplo, experiências de que se está saboreando o gosto de Jesus, de que se está tocando a face de Jesus, de que se vê cada cena do Evangelho. Favorece o sentido, as emoções, como forma de se aceitar que não pode haver espiritualidade ou mística sem o conteúdo doutrinário da ortodoxia. Mística sim, mas de acordo com o catecismo romano. Fora do catecismo romano, resta a suspeita.

A partir dos séculos XVI e XVII, os místicos da Igreja – são Francisco de Sales, santo Afonso de Ligório, muitas mulheres, como santa Ângela de Folhinho – ou fundaram uma congregação religiosa ou foram exemplos da espiritualidade de determinada família religiosa, como santa Teresinha do Menino Jesus. Já não se encontra o místico no mundo, o leigo, e aquele que, através da sua mística, inova, como fizeram santa Teresa de Ávila e são João da

Cruz, que promoveram uma ruptura na tradição carmelita. Encontram-se místicos, sim, oficialmente reconhecidos e canonizados como exemplos que reforçam a instituição. É suspeita a espiritualidade que não reforça a instituição e o poder clerical. As exceções são raras. Charles de Foucauld, por exemplo, um místico do século XX, não canonizado até hoje por motivos políticos (vivendo na Argélia dominada pela França, ele não teria sido suficientemente anticolonialista), é uma pessoa que deixou uma experiência de espiritualidade muito densa, na linha da opção pelos pobres.

Temos em nosso século alguns exemplos de experiências de êxtases, de sobrenatural, porém tão carregados de ideologia do poder que são vistos com muita suspeita. Refiro-me especificamente às visões de Nossa Senhora, quase todas por pessoas do campo, e em países que sofriam ameaça de comunismo. Nossa Senhora sempre aparecia contra o comunismo. Apareceu em Fátima, na Iugoslávia, na Nicarágua (durante a fase mais aguda do conflito entre bispos e sandinistas). Gostaria de ver Nossa Senhora aparecer na porta da Volkswagen, no ABC paulista, contra o capitalismo. Ou na porta da fazenda Ipanema, contra o latifúndio. Mas não tive essa graça ainda. Esse tipo de fenômeno extático, acentuado pela instituição que, na Idade Média, o via com suspeita, começa a ser revalorizado porque reforça o poder institucional.

Hoje temos um quadro de espiritualidade católica profundamente dualista no mais íntimo de nós mesmos, na medida em que a concepção platônica de divisão corpo e espírito continua acentuada em muitos documentos do magistério eclesiástico. A espiritualidade vigente entre nós, católicos, faz nítida separação entre oração e ação. Existiriam aqueles que têm vocação ativa e os que têm vocação contemplativa. Os que têm vocação ativa estão no mundo, se casam, são militantes. As ordens religiosas ativas cuidam dos pobres, fazem assistência, dão aulas. Aqueles que, pela graça de Deus, tiveram uma vocação melhor, especial, os contemplativos, recolhem-se ao mosteiro, apenas rezam. Isso não tem fundamento nas raízes cristãs, e sim na tradição mística que vem dos vedas e hinduístas.

Todos somos protagonistas da passagem de uma espiritualidade de desconfiança do mundo, de consolo, de abnegação, de identificação com a paixão de Jesus, de expiação, de salvação individual, para uma espiritualidade da militância, mudança do mundo, do homem novo, da mulher nova, da sociedade nova, do Reino de Deus como principal desafio, sem que muitas vezes tenhamos conseguido fazer bem a síntese. Somos a primeira geração a passar de um polo a outro; é normal que não consigamos ter um resultado de síntese nessa dialética. Vive-se num conflito – os momentos acentuados de oração e recolhimento, e os de militância e luta –, sem conseguir integrar as duas coisas.

Como se vivêssemos em esferas diferentes e ficássemos obrigados a oscilar entre as duas. Daí essa ideia de que “o pessoal da Teologia da Libertação, da pastoral popular, é o pessoal da ação, da construção do mundo” e o pessoal do movimento carismático é o pessoal da oração, da mística, da contemplação. Em Jesus não havia essa dualidade. E ele é o nosso mestre espiritual por excelência.

A transparência: experiência originária

Leonardo Boff

O fenômeno místico não tem pátria nem religião. É um fenômeno de todas as culturas que têm seus mestres espirituais, aqueles que fizeram a grande viagem e tiveram experiências radicais, das quais nasceram as expressões religiosas, vigorosas até hoje. Mesmo na religião muçulmana, uma das poucas religiões políticas – já que o Corão é, ao mesmo tempo, uma religião e uma constituição, e a política religiosa se identifica com a política profana –, existe toda uma linha mística dos grandes mestres dos séculos XIII, XIV e XV, nomes como Averróis (1126-1198) e Avicena (980-1037), que foram objeto de discussão dos mestres medievais.

Os grandes interlocutores de Santo Tomás de Aquino, São Boaventura, de Escoto e Guilherme de Ockham foram, ao lado dos gregos Platão e Aristóteles, esses grandes mestres árabes e muçulmanos. Eram todos místicos, deixaram não só textos especulativos, mas uma rede de mosteiros, que perdura até hoje, para o encontro radical com Alá, curiosamente, Deus dos pobres, dos nômades e dos peregrinos, Deus dos habitantes do deserto, que traduzem o deserto como caminhada interior da purificação.

Esse fenômeno está na origem das religiões e, por isso, transcende as culturas e as religiões. É importante hoje, que vivemos um processo de mundialização não só da economia, da ciência e da técnica, mas também das espiritualidades e dos valores culturais, que entremos em contato com essas grandes tradições espirituais. Todas são convocadas a dar a sua contribuição, a preservar aquilo que há de mais excelente no ser humano: a capacidade de estar para além do mundo, do espaço e do tempo; de realizar seu sonho para cima, que é o encontro com a divindade, e também recuperar as experiências acumuladas que a humanidade fez em contato com o sagrado e o divino. O sagrado não está nos objetos, no altar, na Eucaristia, no livro sagrado ou em pessoas consagradas. O sagrado é a profundidade de cada pessoa humana. É a misteriosidade de cada ser da criação. E todo sagrado nos convoca ao respeito, à veneração e a uma distância do poder manipulador que intenta enquadrá-lo no circuito dos interesses humanos, que engloba as instituições religiosas, os poderes políticos e o daqueles que fazem do sagrado um imenso negócio. Explorar a demanda de mística, de transcendência do ser humano, para dar-lhe uma mercadoria barata, que o iluda, não com a experiência do sagrado, mas a de uma satisfação superficial de suas necessidades, que logo se manifestam de novo, deixando-o sempre sedento de um encontro com Deus: eis o pecado contra o povo religioso.

Dizia um profeta no Antigo Testamento: o maior castigo que Deus pode dar a um povo é dar-lhe sede de Deus e nunca permitir-lhe encontrar Deus. Anda-se por todos os cantos em busca de Deus e não se consegue encontrá-lo. Este o grande castigo. Talvez um dos castigos de nossa cultura consumista, materialista, dualista, seja exatamente viver o que a teologia chama de "a experiência da morte de Deus". Deus já não fala. É uma mercadoria que está dentro do mercado, e quando se pretende encontrar Deus, encontra-se um ídolo que não satisfaz o desejo infinito do ser humano.

É preciso, pois, estar-se atento para a importância das muitas tradições espirituais e aprender como podemos nos enriquecer delas, quer sejam orientais, budistas, do zen-budismo ou ocidentais, das culturas originárias da América Latina. Há toda uma experiência do sagrado cósmico que os indígenas fizeram: as culturas andinas, os aimaras, os quéchuas, maias e incas. São grandes culturas, com grande espiritualidade. Ou as culturas africanas, que têm uma percepção mística ligada à pele, ao corpo, à dança, por isso muito mais ricas, e todas elas religiosas. Não são ocidentais, mas todas são místicas e humanas. Isto é, realizam potencialidades que estão no ser humano – homem e mulher – e por isso nós, que também somos humanos, podemos dialogar com elas, aprender com elas e desentranhar em nós potencialidades de meditação, de aprendizado, escondidas. Em confronto com elas, sentimo-nos provocados e desafiados a também fazer a viagem, a navegação que eles realizaram.

A experiência mística ou a experiência espiritual está ligada à experiência originária. No discurso comum, religioso, trabalha-se com duas categorias: a imanência e a transcendência. Imanência é o nosso mundo aqui, da cultura, da política, daquilo que manipulamos e criamos. Tudo que vai além é o mundo da transcendência: Deus, graça, o além, o céu, o Reino de Deus, Jesus Cristo. A teologia diz: Deus está dos dois lados. Deus é imanente, está aqui dentro do mundo, no coração das coisas. A experiência de Santo Agostinho proclama: *Deus intimior intimo meo* (Deus mais íntimo na minha intimidade do que sou íntimo a mim mesmo). E a experiência de Santo Inácio: *Deus semper maior, superior summo meo* (Deus superior a qualquer coisa que eu possa imaginar de grande). Deus está nos dois lados.

Ocorre que a instituição religiosa trabalhou num profundo dualismo, deixando o discurso místico de lado. O discurso místico diz: "Deus está aqui e lá, não há espaços sem Ele". A religião comum do catecismo, o discurso oficial das Igrejas, diz: "Não, Deus está sempre no outro lado. Deus é sempre o Além. Deus é o céu". "A graça é o sobrenatural, nós estamos no natural. O amor divino *versus* o amor humano." Alma de um lado, com uma destinação de eternidade, e o corpo, de outro, entregue às forças deste mundo, podendo por isso ser manipulado, torturado e explorado pelos meios de comunicação. O corpo não tem transcendência, isto é, não tem destinação. Ao ser coberto pela terra, vai encher a boca de formigas, como diz o povo. A compreensão subjacente é que projetamos um Deus sem o mundo. E um Deus sem o mundo fez surgir um mundo sem Deus. Fez surgir um mundo que diz, como os marxistas: "Se Deus está no Céu, que ele fique lá com a Igreja e os passarinhos. Deixem-nos a Terra, pois vamos organizá-la num céu". Esse é o raciocínio mais ou menos comum. Afirma-se *que* Deus é não experienciável, porque transcendente. É sobrenatural. Só chegamos a Ele pela fé. Não o experimentamos, e se alguém o experimenta, vamos colocá-lo sob suspeita, *porque* deve ser fantasia ou puro sentimento. Está experimentando a si mesmo e não a Deus.

Resulta que várias Igrejas se transformam numa imensa burocracia religiosa, com seus administradores de sacramentos, produtores de orações, gerenciadores do espaço sagrado. A religião transforma-se num imenso andaime onde nos movimentamos. Não cumpre sua missão fundamental de, ao ser expressão da experiência originária, ajudar-nos a refazer a experiência originária. A religião deve ajudar-nos a descobrir Deus dentro de *nós*, na comunidade, no curso do mundo. E não ocupar o homem com o mero exercício da religião: ir à missa, fazer orações, participar da comunidade... O fundamental é que o fiel tenha a experiência de Deus, o encontro com Jesus Cristo, o choque existencial com a palavra de Deus, com a palavra que Ele fala hoje, e não simplesmente a leitura de um texto que se coloca diante dos olhos e que, por isso, nos oculta o mundo real. Não. Há de ser um texto a ser colocado atrás da cabeça para iluminar o mundo real, e não para ofuscá-lo. As esquerdas muitas vezes fizeram isso: começavam a ler *O capital*, de Marx, e escondiam a leitura do capital real funcionando no Brasil. O problema não é o livro *O capital*, é o capital transnacional que está espoliando o povo e desestruturando as nossas relações sociais. Esse capital real tem de ser analisado e desvendado com a ajuda das análises de Marx no livro *O capital*.

Como descobrir Deus que se revela hoje? Não é um Deus-objeto, um conceito fúnebre de Deus, segundo o qual Deus teria *morrido* e deixado como herança um livro inspirado que nos fala dele. É um Deus vivo, que continua se comunicando, dando-se e, por isso, temos que fazer a leitura dos sinais dos tempos. Para fazer a leitura dos sinais devemos conhecer os tempos. Qual é a mecânica do processo econômico hoje mundializado? Como se dão as relações políticas norte-sul?

Como se situam as Igrejas nesse quadro? Elas têm tido uma atitude profética de denunciar que "por aqui não passa o desígnio de Deus, mas passam os interesses de acumulação do império opulento"? Aqui se ouve o grito do oprimido, que é sempre indício de que a realidade está quebrada, não corresponde ao desígnio de Deus e, portanto, tem que ser denunciada profeticamente. Numa prática de compromisso, tenta sanar essa realidade, para que ela se transforme numa boa notícia. Boa Notícia é a realidade que, de ruim, fica boa pela prática humana. Só então vira Boa Notícia.

Qual é a experiência originária? Não é descobrir Deus somente nessa realidade que temos à mão, nem apenas no que está além de nós, é preciso introduzir uma outra categoria, que não é grega, não é dualista, mas tipicamente cristã, acentuada pelo Padre Teilhard de Chardin: transparência. Existe a imanência, que é esse mundo aqui, e a transcendência, que é o que está sempre além de nós. Mas há também o que é o transparente. São Paulo, na Epístola aos Efésios, dizia: "Deus Pai está em nós (imanência), está acima de nós (transcendência) e está através de nós (transparência)". Não há só a luz que ilumina de fora esse mundo, mas a luz que o atravessa, que torna a realidade transparente. A transparência é categoria tipicamente cristã, que vem do mistério da encarnação. Deus habita numa luz inacessível, portanto, transcendente. Ele se acerca e entra no mundo imanente, no mundo da nossa cotidianidade, das nossas relações imediatas, experimentais. Fez-se, de distante, próximo. De próximo, fez-se irmão, companheiro nosso.

Isto significa que essa carne que ele tomou, o seu sentimento, a sua iracúndia sagrada, sua ternura para com os pobres e as crianças, a sua abertura para Deus chamando-o de Paizinho, aquilo que concretamente vemos se torna transparente. Transparente em algo que nos escapava, mas que agora se torna palpável. Por isso Jesus podia dizer: "Quem vê a Mim, vê ao Pai". Ele é o espelho onde Deus não fica mais opaco e se torna próximo. Toda a história que Jesus viveu se torna sacramental, transparente. A humanidade de Jesus é como a nossa humanidade, com todas as suas limitações, angústias e expectativas. Por isso ele chorou, irritou-se vendo a dureza do coração das pessoas e se alegrou. Tudo isso é humano. Foi nessa humanidade, não fora dela, nem apesar dela, mas nela que Deus revelou-se. No seu verdadeiro nome, assim como Ele é. O Deus de Jesus não se fez um grande senhor diante do qual temos que manter distância, respeito, veneração. Ele se fez um esmoler, um pedinte, para estar próximo, palpável a cada existência humana, por mais humilde que seja. Nossa realidade de mundo, de história, de cosmos, tocada pela divindade, ficou transparente, sacramental. Vendo este mundo, detectamos Deus dentro dele. É através do mundo, com o mundo, que captamos Deus.

Captar é fazer a experiência originária de Deus em todas as dimensões da vida, não em algumas privilegiadas, somente quando se está no espaço sagrado da Igreja, ou se lê a Bíblia, comunga-se ou reza-se. Fazer a experiência de Deus em cada situação, andando na rua, respirando o ar poluído, alegrando-me, tomando cerveja, empenhando-me num compromisso na favela, procurando entender algum texto que se esteja estudando. Isto é experimentar Deus em todas as coisas, pois Ele vem misturado com tudo isso, mergulha nisso tudo. Então qualquer espaço, qualquer situação, é suficientemente rica e boa para se captar Deus e dizer: "Ele anda conosco". É o que significa Javé. Poder vivenciar, traduzir isso é fazer a experiência originária, que depois se traduz em mil discursos, celebrações, palavras, textos, símbolos, uma Romaria da Terra, um desenho que se faz... A chave do místico é procurar sempre ver o que está por trás de cada coisa, o que a constitui e sustenta. Não ficar preso às coisas, mas fazer delas símbolos, sinais, sacramentos, imagens.

Para a pessoa que faz essa experiência de Deus, o mundo é uma grande mensagem. Nesse nível, é importante a contribuição do zen-budismo. Qual é a chave da experiência zen? Um discípulo pergunta ao mestre: "Mestre, que é o Tao? Que é a experiência originaria?" E ele responde: "Se você está com sono, durma. Se tem fome, coma. Fazendo isso, você tem o Tao".

Quando perguntaram a Santa Teresa: "Em que situação encontro Deus? Onde o encontro"?", ela respondeu: "*Cuando gallinas, gallinas*; *cuando ayuno, ayuno*". Quando se está a comer galinhas, então coma galinhas com gosto. Quando se faz jejum, jejue com seriedade. Em outras palavras: tudo aquilo que fizermos, façamo-lo radicalmente, por inteiro. Quem age desta forma está em Deus.

Qual é a grande contribuição do zen-budismo? É poder captar que tudo que tocamos, dizemos e somos é sempre resultado de algo mais profundo e anterior. Nasce de uma fonte que está por trás. Como dizia o mestre zen: "Captar e viver a experiência zen é como um sapato. Quando se está bem acostumado a ele, o sapato adaptado ao pé, não se sente que se tem um sapato. Agora, quando o sapato está apertado, a toda hora se sente o sapato. Sinal de que o sapato está ruim. Se temos de pensar a toda hora em Deus, estamos longe de Deus. Agora, se vivemos em comunhão com Deus, não precisamos pensar nele". Pensar em Deus é deixá-lo só na inteligência, e não em tudo que temos e somos.

Outro mestre zen, Suzuki, grande amigo de Thomas Merton, dizia: "Conhecer o Tao é como na caligrafia. Enquanto você luta para escrever o A, como as crianças, o B, o C... (o boi baba, o boi bebe, o boi comeu), quando fica lutando para escrever, você não aprendeu ainda, mas, quando dominou a caligrafia e escreve, você não pensa mais. Simplesmente escreve". Que significa isso misticamente? É você estar tão próximo de Deus, tão próximo dessa experiência originária, que não é preciso pensar. Como se consegue isso? Não é fazendo coisas extraordinárias, tendo êxtases, iluminações... Tudo aquilo que fizer, faça-o bem-feito, conscientemente, com gravidade. De tal maneira que se fica leve ao fazer, porque se criou o bom hábito.

Todos nós vivemos uma espécie de experiência zen. Cada um que dirige carro faz isso. Troca as marchas sem se dar conta se é a primeira ou terceira, porque sente o carro, a potência dele, a velocidade. Ninguém para a fim de pensar se é a primeira, a segunda ou a terceira. Por quê? Porque fazemos inconscientemente. É nossa experiência zen na cultura profana de hoje. As culturas arcaicas, originárias, mais sagradas, respiravam Deus. Colocavam Deus por todo lado. O nosso povo é assim. Roberto DaMatta é um antropólogo curioso porque não faz uma antropologia convencional, que analisa as estruturas da sociedade, as classes, as estruturas econômicas, políticas. Ele faz um outro tipo de antropologia, que se baseia no cotidiano das pessoas no futebol, no almoço de domingo, no mundo da rua, da casa, nas festas cívicas, na festa da padroeira, no carnaval... Ali se realiza a vida, o sentido da existência humana, porque na verdade ninguém vive nas estruturas. Elas são inconscientes, funcionam, mas nós vivemos no cotidiano, que desborda os conceitos e as estruturas. Roberto DaMatta analisa a importância de entendermos o fator religioso na cultura popular brasileira e diz que o nosso povo é profundamente místico, coloca Deus em todas as coisas, não tem dúvidas religiosas, pode passar as maiores tribulações, misérias, mas está sempre agarrado em Deus. E ainda diz: "Se eu não tivesse Deus, que seria de mim?" Por quê? Porque Deus é algo evidente para o povo. Ele sabe que Deus está aí, e sente-se acompanhado por Ele e pelos santos, pelos orixás, pelas divindades todas. Nós, secularizados, temos que fazer teologia, reflexão, e falar de como fazer a experiência de Deus. O povo não faz reflexão sobre Deus, ele vive Deus. Recordo-me de minha mãe analfabeta. Sempre dizia que via Deus. Um dia me perguntou: "Você não vê Deus?" "Não, não vejo." Ela me olhou triste: "Mas você, tantos anos padre e fez teologia... nunca viu Deus?!" Ficou profundamente desolada. Falou para todos os irmãos: "Ele não viu Deus!"

Teólogo era aquela analfabeta, que fazia questão de não saber ler. São Francisco recomendava a seus confrades: "Só estudem teologia se ela não perverter os espíritos". A teologia é uma coisa que o diabo inventou, como afirmava Lutero, para substituir a experiência de Deus: "Só façam teologia desde que ela aumente em vocês o espírito de Deus". O zen-budismo nos recorda: fazer experiência do cotidiano na sua profundidade, eis o que é ter a experiência originária. O mestre ocidental mais próximo do zen-budismo é um confrade de Frei Betto, Mestre Eckhart, grande teólogo do século XIV, que viveu de 1260 a 1328. É considerado o maior místico do Ocidente, embora diferente dos ocidentais. É mais próximo de Lao-Tsé, de Chuang-Tzu, dos mestres orientais e da atitude zen.

Nós, ocidentais, sempre trabalhamos com a razão, dividimos o mundo sensível aqui, o mundo racional lá; eu e tu; mundo e transcendência. Eckhart não. Primeiro, tentou ser teólogo. Meteram-no à força em Paris para disputar com os franciscanos, após Tomás de Aquino. Um dia ele foi embora dizendo não servir para disputar teologia. Seguiu para a Alemanha, Estrasburgo, e tornou-se um grande missionário. De Praga até Amsterdã, andou cinco ou seis vezes pregando missões populares em língua germânica arcaica. Por isso, junto com Lutero, ele é um dos pais da língua alemã, na qual escreveu seus principais textos espirituais, místicos, como homilias ao povo, ou pequenos tratados. Organizei uma seleta desses trabalhos na primeira vez que se traduziam para nosso idioma as obras de Mestre Eckhart, *O livro da divina consolação*. O texto original tinha como título: "A mística do ser e do não ter". Toda a nossa cultura é ligada ao ter, ao acumular. Ter posicionamentos, adquirir novas ideias bíblicas, teológicas, melhor concepção de Deus. Ele não. Se quiser encontrar Deus, esvazie-se e deixe Deus falar. Toda a nossa teologia e espiritualidade são uma imensa tagarelice. Falamos de Deus. E quando falamos de Deus, não há silêncio para Deus falar. Ele propõe a mística do silêncio, a mística do radical despojamento, da completa liberdade de todas as coisas a fim de se poder ser livre para todas as situações. Ser totalmente disponível. A mística do estar totalmente nu. Então Deus nos cobre por todos os lados.

O primeiro obstáculo, contra o qual temos de lutar a vida inteira, é a nossa vontade. É o projeto pessoal. Quero ser isso, ser aquilo... Na verdade, só encontramos Deus quando nos despojamos totalmente e nos afinamos com a realidade. Então, é a realidade que fala. Ao nos esvaziarmos das emoções e dos pensamentos, vem à tona a natureza como Deus a criou. E ela diz qual é a nossa verdadeira realidade, nosso grande desejo, a pulsão que nos move.

Na verdade, estamos cheios de conceitos que a escola, o catecismo, a Igreja, o predador, os mestres espirituais nos transmitiram, e de tal maneira que vivemos numa segunda, terceira natureza. Qual é a minha natureza originária? Todo o esforço da psicanálise de Freud, de Jung, dos mestres da profundeza, é levar a pessoa a descobrir a sua natureza singular, seu eu profundo, não o superficial, elaborado pela escola, pela família, pela sociedade. O verdadeiro eu é aquele núcleo que reúne todas as nossas pulsões, todo o nosso mundo de paixões, não só as paixões luminosas, também as paixões menores, a mediocridade, as vinganças.

Essa mística de recuperar a experiência originária é a mística da simplicidade, do vazio, do deixar que Deus aflore em nós e fale por nós. É criar uma grande sensibilidade, como Eckhart dizia, para se escutar o próprio coração. Não só ouvi-lo metaforicamente, mas fisicamente. Afinar de tal maneira os sentidos que se possa escutar o mínimo ruído, discernir a mínima cor e poder captar as batidas do coração.

Dessa forma, a pessoa se enriquece de tudo, porque fez-se pobre de tudo.

Uma vertente da mística cristã pouco desenvolvida é a chamada mística dos cinco sentidos, que já se encontra em Orígenes e foi elaborada por vários mestres posteriores. Olhar: concentrar toda a atenção só no olhar, em tudo que se possa ver. Não pensar. Habituar-se a captar todas as nuances das coisas. Depois, tentar apurar o ouvido, ouvir tudo que se possa. É uma sinfonia para quem se acostuma: o passarinho que canta, o cachorro ao longe que late, o carro que passa, o avião, o sussurro das coisas... Isso enriquece. O tato. Captar a brisa, o vento, a atmosfera...

Para Mestre Eckhart o importante para a experiência não é o êxtase, o ouvir revelações, o ter visões. É o cotidiano.

Os textos de São Francisco, Santa Teresa, São João da Cruz, Teilhard de Chardin usam uma terminologia que fala do fogo interior ou do sol. Eckhart também fala da chama interior. Uma brasa que está ali e que temos de alimentar. Essa chama é Deus morando em nós. O Pai está gerando o Filho dentro do nosso coração. E Pai e Filho deixam emergir o Espírito Santo na profundidade do nosso espírito. A Trindade não está no céu, na transcendência. Está na profundidade do nosso coração. E é gerando o Filho que Deus nos gera, nós, como filhos no Filho e filhas no Filho. Deus está dentro. Somos como que o sacrário que acolhe Deus e, por isso, podemos dançar, festejar, porque somos o templo de Deus. E isso não como doutrina que o mestre ensina, mas como experiência que vivemos, alimentando essa chama. Descobrir Deus dentro de nós como um processo de geração, de aspiração, de emergência da Trindade no seu jogo de amor. Isso é o céu.

Esta é também a tônica de uma grande mística moderna, Simone Weil. Judia francesa e professora de filosofia, em sua experiência espiritual, fugindo dos nazistas na última guerra, foi descobrindo Deus, Jesus Cristo, o Evangelho, numa profunda experiência de Deus como encontro, visitação, inundação divina na alma. Ela não se converteu ao cristianismo por amor aos judeus perseguidos e queimados nas câmaras de gás. Continuou judia, por solidariedade, embora cristã pela fé em Jesus.

A mística de Simone Weil insere-se na linha do despojamento total. Ao terminar a guerra, as tropas voltando, a França toda desestruturada, crianças e jovens morrendo de fome, ela foi dando tudo que possuía, até morrer de fome.

Ela insistia em que sempre trabalhamos com o mundo interpretado e traduzido. Chove, e logo abrimos o guarda-chuva; diante de um perfume ruim, tapamos o nariz; não queremos saber de dor alguma... Simone Weil arriscava-se para salvar os judeus perseguidos, sabendo que podia ser presa pelos nazistas e torturada. Sabia que as mulheres eram violadas por filas de 15 a vinte soldados. Dizia que, se fosse presa, queria "sentir a radicalidade de alguém estraçalhando na sua intimidade". Quando chovia, não usava guarda-chuva. "Quero sentir a chuva, quero sentir o frio, quero fazer a experiência radical daquilo que vivo, com profunda capacidade de sentir tudo que tenho, tudo que me cerca e, no nível humano, com profunda e abissal solidariedade com os outros, particularmente os pobres."

Ecléa Bosi publicou o livro *Simone Weil e a condição operária*, em que relata como a filósofa e professora universitária quis ir para a fábrica, empregar-se no nível mais inferior, sentir toda a exploração capitalista, a desestruturação da psique, para experimentar o que é a dilaceração da classe operária, com ela se solidarizando. Sua mística insere-se nessa linha de criar espaços para que a voz do outro seja ouvida, para que o drama do outro seja sentido, e culmina numa grande mística da compaixão, a capacidade de sentir o outro e com ele se alegrar. Eliminar a distância que nos separa do outro. É uma mística do zen dentro do espaço ocidental cristão.

Quero ainda me referir à grande mística do século XIV, que morreu em 1430, uma inglesa chamada Juliana de Norwich. Figura estranha, ninguém sabe direito se era monja ou leiga. Vivia sozinha numa cova, mas era muito articulada na cultura do tempo, e deixou um livro fantástico, *Revelação do amor divino.* Juliana de Norwich fez a experiência de Deus como Mãe, como a grande e doce Mãe. Trabalha a experiência do ser humano pelas virtudes, pela bondade, pela luz, e do encontro com Deus pela angústia, pela dimensão de sombras e pela experiência do pecado. Ela dizia algo que vai contra o tipo de moral a que estamos acostumados. Dizemos que o nosso pecado ofende absolutamente a Deus e temos que confessá-lo e repará-lo porque, sem reparação e arrependimento, Deus não é benevolente, gracioso para conosco. Ela deixa entender que só fala assim quem não conhece Deus como Mãe. Desde quando a mãe fica aborrecida quando a criancinha pisa no pé dela? Ou quando a criança, brincando no seu colo, arranha-lhe o rosto? A mãe não fica brava, mas abraça a criança e ensina como ela deve andar, como deve pisar certo.

É ter um conceito muito pequeno de Deus imaginar que Ele fica desgostoso, irritado, com nosso pecado. Não fica porque Ele é nossa grande Mãe, tem misericórdia, tem um seio que sente. Se nos dá preceitos e ensina o que é graça e pecado, é para nos mostrar como devemos andar corretamente. Porque Ele é só bom. Não é bom e mau como podemos ser. Experimentar Deus com misericórdia é experimentar Deus a partir da nossa fragilidade, de nosso pecado. Também essa dimensão, que pareceria nos afastar de Deus, é um caminho para se chegar até Ele, caminho da humildade e da simplicidade. Sentir-se aconchegado e não rejeitado por Deus. Porque Deus é mãe.

Parece-me importante não excluir do nosso descobrimento de Deus esse lado dramático da nossa vida, que é a dimensão de pecado como estrutura, como dimensão não redimida em nós, que nos aborrece e que temos dificuldade de perdoar e aceitar de nós mesmos. Freud analisou esse mecanismo. Quando rejeitamos uma pessoa, não gostamos dela ou a criticamos, estamos na verdade rejeitando dimensões de nós mesmos que vemos retratadas no outro. Portanto, estou me desumanizando porque só acolho um lado de minha psique, do meu mundo, talvez o lado que mais me agrade, que mais infle o meu eu, o lado mais luminoso. Também devo acolher o meu lado medíocre, pequeno, frágil, mentiroso, farsante, pecador. É a minha realidade. Devo incorporá-la, mas só o conseguirei se for verdadeiro, transparente e reconhecer essa dimensão sombria.

Para o Evangelho, quem se descobre pecador experimenta que a última palavra não é a angústia, não é sentir-se perdido, e sim experimenta a revelação do Deus dos pecadores, do Deus que se faz graça a quem está perdido, do Deus do filho pródigo, da ovelha tresmalhada, da moeda perdida. Este é o Deus que ama os ingratos e os maus. Ingratos e maus não são apenas os capitalistas exploradores. Ingrato e mau sou eu. No momento em que me descubro assim, descubro também a Boa-Nova, o Deus que ama os ingratos e maus e se dá em graça e perdão. Então, nos reconciliamos com a outra metade da nossa psique e ficamos mais completos, mais tolerantes, criticamos menos os outros, porque conhecemos os demônios que nos habitam e conseguimos domesticá-los.

A sabedoria zen tinha, como símbolo dessa dimensão sombria da ânima, o desenho de um monge cavalgando um leão e conduzindo-o com sua vareta. Quem é o leão? Sou eu, o meu universo-leão rebelado, a minha passionalidade, as minhas iras, raivas e rejeições, que consigo domesticar e, com a varinha, conduzir. Essa energia, essa libido, é um potencial enorme para crescermos humanamente, para nos inserirmos num projeto de bondade, não negando essa realidade obscura, mas acolhendo-a como nossa realidade. Ao redimi-la e integrá-la, superamos os mecanismos neuróticos de recalque e rejeição, em nós e nos outros.

Quanto mais nós nos conhecemos e conhecemos o sol que nos habita, Deus, mais nos integramos voltados para aquele centro poderoso a que chamamos Deus, mais nos humanizamos. Humanizar-se, não na concepção moderna, no sentido de mais virtuoso, brilhante, bem-sucedido... Humanizar-se é também a capacidade de ser frágil, poder chorar, sentir o outro, ser vulnerável e, ao mesmo tempo, ter vigor, lutar, resistir, poder traçar caminhos. Fazer a síntese que coloquei como título do meu livro sobre São Francisco: ternura e vigor. Ter ternura para com a vida, para com tudo que é frágil, ter misericórdia para com a dimensão de pecado, e ternura pelo pobre, pelo outro, acercamento afetuoso. E, ao mesmo tempo, ter vigor, decisão no projeto, clareza na direção, não tergiversação nas opções. Saber combinar a ternura com o vigor, eis o segredo da figura de Jesus. Se Jesus, de um lado, acaricia as crianças, de outro, fulmina com o seu olhar irado os fariseus; assim como diz "ofereça a tua face a quem te bate", toma o chicote e surra quem manipula o religioso. Tudo isso é Jesus. É ternura e vigor. É a personalidade inteira e completa.

Cada um de nós tem de elaborar essa síntese. Sentir sua totalidade, assenhorar-se dela a partir do núcleo interior onde cada um se faz mestre de si mesmo. Não para dominar, mas para poder sempre aprender, fazer-se sensível, enriquecer-se e enriquecer, nessa dialética de dar e receber, completando-se sempre com os outros, ao largo dessa imensa caminhada onde temos tantos sócios, tantos caminhantes em busca dessa terra prometida que não está fora de nós, mas na profundidade de nós, de uma comunidade que encontra a sua identidade no projeto de um povo que busca a sua libertação. Esta é a pátria que queremos, juntos, construir, envolvendo-nos, como diz Pedro Casaldáliga, nessa insurgência do coração.

A primeira reação face à experiência de Deus é a louvação. É a dança celeste, de que falam os místicos orientais, como São Gregório e São Basílio.

O encontro com Deus provoca, em primeiro lugar, a expansão do coração, o acrescentamento do sentido de vida, que se revela pela alegria, pela louvação. Os místicos praticamente não fazem muita oração de pedido. Pedido é muito centrado em nós. Imagina-se um Deus em cuja porta se deve bater para acordá-lo e pedir... quando Ele sabe, antes de gritarmos, qual é a nossa necessidade.

A louvação é a dimensão de maior gratuidade. Cantamos Deus por causa de Deus, porque Ele existe, não porque o tenhamos descoberto como uma doutrina que alguém ensina, mas como uma experiência, da qual os salmos estão repletos. Esse encontro nos faz cantar. Esse encontro, como nos salmos penitenciais, ou Moisés na sarça ardente, ou São Pedro diante de Jesus, significa a descoberta de que Deus é uma realidade luminosa. Nela me descubro no escuro, tiro o sapato e digo: vou morrer, não aguento essa luz. Moisés, num texto famoso do Antigo Testamento, diz: "Deus, mostra-me a tua face! Quero ver Deus!" Ele sabe que ninguém pode ver Deus sem morrer. Deus responde: "Coloca-te na fenda da rocha; eu passarei e você me verá passando, me verá pelas costas". E o texto diz que Deus passou, Moisés vislumbrou-o pelas costas, e sua primeira reação foi: "Vou morrer, porque vi Deus!"

Nosso olho tem que ser purificado para ver Deus. É como o sol. Ninguém pode olhar o sol direto sem ficar cego. Ora, o sol faz ver todas as coisas, mas não se pode olhá-lo. Assim é Deus.

São João da Cruz ensina que, no processo da purificação mística, é preciso passar pela morte dos sentidos e do espírito. São duas grandes "noites", que ele elabora. É para nos acostumarmos a Deus, de modo que, quando ele se revelar, não morramos. "*Muero porque no muero*", diz Santa Teresa. São Boaventura, da mesma forma, diz que é um morrer sem morrer, porque é tal a grandiosidade, a luminosidade, a provocação de alegria, que não suportamos. A louvação é a tradução desse encontro. A dimensão da adoração-louvação revela o lado melhor, o da gratuidade, da descentração de nós em Deus. Ela emerge, não como se devêssemos louvar a Deus porque Ele quer que o louvemos. Louvamos a Deus porque é da natureza desse encontro nos alegrarmos e louvarmos.

Espiritualidade bíblica

Frei Betto

Há algo interessante na espiritualidade do Antigo Testamento. Todos os povos contemporâneos aos hebreus tinham uma referência sensitiva, pela qual adoravam e louvavam os seus deuses. O único povo privado dessa referência era o hebreu. Se alguém guarda um terço que foi de sua mãe, o terço é uma referência sensitiva de uma pessoa a quem se quer muito bem, de quem se tem saudades. Ainda que o terço seja velho, não adianta lhe darem um novo, porque aquele é um sacramento, esconde uma realidade maior do que ele mesmo. Assim, cada um de nós tem, em casa, no quarto, objetos sacramentais.

Os hebreus também queriam ter uma imagem de Javé. Por isso, diziam: "Javé está na montanha ou Javé está nesse carvalho frondoso". Ou faziam em ouro a imagem de um bezerro e proclamavam: "Javé está neste bezerro de ouro". Os profetas não suportavam isso, condenavam violentamente a tentação dos hebreus de terem de Javé uma referência sensitiva. Aparentemente, os profetas exigiam do povo um alto grau de abstração religiosa de um Deus no qual se crê, mas do qual não se pode fazer qualquer imagem. Um exemplo: é muito raro encontrar nas igrejas imagens da Santíssima Trindade. Vi uma em Trindade, cidade goiana onde houve um encontro de Comunidades Eclesiais de Base, e outra em Cuba, numa igreja da cidade de Camaguey. Será que não estamos ferindo algum dogma ao fazer uma imagem do Pai, Filho e Espírito Santo?

Os profetas, ao condenarem essa tentação do povo, queriam dizer algo muito simples: "Se querem louvar e servir a Javé, façam-no na única imagem dele que ele nos concedeu, que é o próximo. É muito cômodo adorá-lo na montanha, no bezerro ou no carvalho, o difícil é servi-lo e adorá-lo no próximo, imagem e semelhança de Javé". Louvar a Javé é louvar a criatura, criação do Senhor. Reconhecer essa criação é, como dizia Jesus, fazer a vontade do Pai, que é a prática da justiça, e não a louvação como abstração, coisa em si, que prescinda da mediatização do próximo.

Há um dualismo corpo-espírito, muito grego, que aparece na teologia cristã já nos primeiros séculos, em Orígenes e, acentuadamente, em santo Agostinho. Porém, em Jesus, e mesmo na teologia de são Paulo, o dualismo carne-espírito não é acentuado. É verdade que o machismo aparece, não no sentido de dualismo, mas na cultura da época, de uma sociedade patriarcal. Jesus foi um homem do seu tempo, com a consciência do seu tempo, nas possibilidades do seu tempo. A maior prova de que Jesus, inclusive na relação com Deus, tinha fé é que Ele rezava. E só reza quem tem fé. Quem tem visão beatífica de Deus não precisa rezar. Se Jesus rezava é porque tinha fé e necessidade de aprofundar a experiência de fé (cf. Lc 5,16; 9,18).

No Novo Testamento, o machismo não é só de Paulo. Em Paulo é acentuado, porque era fariseu. Embebeu-se de toda a ideologia judaica. A graça supõe a natureza e, vale acrescentar, não a transforma imediatamente. A conversão de Paulo o tornou cristão, mas não antimachista. Continuou com toda aquela visão que o fariseu tinha de que a mulher era mero apêndice do homem. A mulher não podia entrar na sinagoga, não podia falar nem ser rabino; enfim, no judaísmo farisaico ela não tinha lugar, importância nem valor.

Jesus superou o machismo de sua época, conforme atesta Lc 8,1, que nos dá a relação de mulheres discípulas dele. Mas era um homem de ideologia patriarcal, chamava Deus de Pai. Podemos chamar Deus de Mãe, porque Deus não tem sexo. Deus não cabe nem na figura do Pai nem na da Mãe, mas nas duas. Isso fica à escolha da consciência de cada um. Mas Jesus foi revolucionário na medida em que integrou mulheres ao grupo de discípulos.

A estrutura patriarcal é cultural, ideológica, e a Igreja sempre foi, é e será tributária da cultura de seu tempo.

Remeto ao livro de Leonardo Boff, *Jesus Cristo libertador* (Petrópolis: Vozes, 1971), no qual as imagens de Jesus, o Cristo sofredor na cruz, o Cristo das chagas, o Cristo Rei, o Cristo libertador, são imagens culturais, ideológicas. Toda leitura que fazemos do mistério de Deus – e isso é válido para nós, como para o autor bíblico – é uma leitura a partir do nosso contexto de vida, da nossa cultura. Tudo que sabemos de Deus foi dito por Deus, porém através de palavras humanas. Ou seja, a partir do nosso contexto, mediatizado pela nossa cultura.

Hoje podemos ter a pretensão de não ser dualistas, ou machistas, mas somos uma porção de outros "istas" e equívocos que, daqui a poucos anos, perceberão em nós. Aqueles que virão terão uma visão mais aprimorada de nossa época, porque as visões e o pensamento humano evoluem.

A Deus se chega por muitos caminhos

Leonardo Boff

A teologia só se renova se nasce de um transfundo místico. Comecei a minha teologia no Brasil nos anos 1970. O que estou falando hoje, já falava então. Com teólogos-companheiros, dava cursos na Conferência dos Religiosos do Brasil (CRB) sobre a experiência de Deus, aqui, no Peru, na Bolívia, na América Latina toda. Considero que meu texto mais original em teologia não é *Jesus Cristo libertador*, nem *Teologia da libertação*. É um livrinho publicado pela CRB em 1975, depois reeditado pela Vozes, que tem o título de: *Experimentar Deus, hoje*.

Por trás de cada grande corrente teológica, por trás do Vaticano II, da teologia progressista, da teologia política, da teologia da libertação, há uma nova experiência de Deus. De repente se descobre Deus com outro rosto. A teologia é uma diligência, é um esforço de traduzir essa experiência. E as pessoas leem teologia porque se sentem afinadas com a experiência que ela comunica. Se alguém escreve hoje um texto de teologia nos quadros teóricos do mundo medieval, ninguém lê nem entende, porque não diz nada para nós que vivemos um outro mundo.

A mística sempre está junto com a renovação da teologia. Ocorre que, hoje, dada a crise da cultura, isto é, a crise das nossas estrelas-guias, dos nossos pontos de referência, ninguém sabe para onde vai a história, nem a Igreja sabe qual é o seu futuro. A confusão mental se notou na Assembleia dos Bispos em São Domingos. O texto final dos bispos é um total despiste, de quem não sabe por onde vai a Igreja. Ninguém sabe por onde vai a humanidade, por onde vai a política, a relação norte-sul, o destino dos pobres... E a Igreja, que está no mundo, também participa dessa confusão mental. Os bispos parecem cegos querendo orientar cegos.

Apesar disso, momentos assim são sempre de profunda religiosidade. Quando a cultura entra em crise, há sempre uma volta do religioso. Porque o religioso refaz os elos entre as fases da história humana. É no religioso que a pessoa costura os grandes sonhos, as grandes utopias que lhe permitem viver e dão esperança de ir adiante. Porque a religião, a mística especializaram-se nessas inquietações. É o discurso especializado da crise do ser humano que pergunta: para onde vou? De onde venho? Quem sou eu? Estas são as questões básicas da religião. Na crise mundial hoje, é natural, pertence à dinâmica do processo que as grandes mitologias, os grandes sonhos, as grandes vertentes religiosas se reanimem.

Há uma disputa feroz no mercado religioso por quem tem a melhor proposta. Existem propostas arcaicas das religiões fetichistas; outras que procuram aceitar o desafio de hoje, dentro da visão da cosmologia moderna, esta nova visão que vem da física quântica, da nova antropologia, das ciências astrofísicas. Aí é um lugar de experiência de Deus, da nova revelação do sagrado. A maioria de nós não participa desse discurso acadêmico. Ele é muito científico. Nós estamos no cotidiano. É trabalhar, ganhar o pão para as crianças, um pouco de diversão. É uma experiência que trabalha os eixos existenciais que, no fundo, são a saúde, a doença, a frustração, o amor, o trabalho, o dinheiro suficiente para poder viver, as angústias de se garantir a vida amanhã, a esperança radical.

Como encontrar Deus nesse cotidiano? Como encontrar sua graça, a esperança, aquilo que nos faz olhar mais para a frente? Mística é poder trabalhar todas essas dimensões. Importa reconhecer que há muitos caminhos místicos. A grande ilusão do cristianismo, na sua versão romano-católica, é dizer que, para Deus, há só uma porta, só uma janela. Esse é o nosso caminho, mas não é o único.

A Deus, chegamos por todos os caminhos: o da umbanda, do candomblé, do zen-budismo, dos protestantes, dos católicos, da secularização hoje, do discurso científico como o de Einstein. Deus está em cada encruzilhada. Topamos com Ele em cada caminho. É arrogância pretender ter o monopólio da verdade e achar que só o nosso caminho atinge Deus e que os demais atingem ídolos. Não é verdade.

Esquecemos que os primeiros capítulos do Gênesis não falam do povo judeu, nem do cristianismo, falam da história dos povos. O Gênesis fala da primeira aliança que Deus fez com a humanidade, com a Criação, com todos os elementos, bichos, peixes, árvores... Segundo essa aliança, tudo que vive merece viver. Todos estamos debaixo desse arco-íris de Deus. Todos os povos são povos de Deus. Só depois do capítulo II, é que se diz: porque os povos se extraviaram, Deus escolheu um povinho miserável, que é o último dos povos, como diz Oseias, para ser uma recordação de que todos são povos de Deus, para ser um sinal levantado entre as nações, indicando: "Vocês são povos de Deus e todos são povos de Deus". Por isso o Apocalipse assegura, no capítulo 21, que Deus será Deus de todos e todos os povos serão povos de Deus. A maioria das traduções afirma: "E todo povo será de Deus". Mas o singular não está no texto original grego, ali é plural. Então, o chinês será povo de Deus, assim como o coreano, o asteca e o inca, o guarani e o ianomâmi, todos os povos de Deus, sob o arco-íris da benevolência divina. Não só quem passou pela circuncisão judeu-cristã.

Essa compreensão é importante: a mística nos liberta das malhas religiosas que criam as diferenças sem ver a unidade em Deus.

O método da mística

Frei Betto

Hoje, em cada esquina, há uma academia para "malhar" o corpo. Quando houver em cada esquina uma academia para "malhar" o corpo e o espírito, será um grande avanço na história da humanidade.

Existe uma metodologia para "malhar" o espírito, com diferentes nomes e conteúdos, segundo a tradição religiosa. A Igreja, em sua tradição, chamou essa metodologia de ascética. As religiões orientais chamam-na de meditação. Por exemplo: como é que Buda comia? O mestre respondeu: "Sem mão alguma, Buda servia-se de mil pratos". Para nossa mentalidade, é um absurdo, mas o fato de o monge ficar ruminando o enigma apressava seu poder de concentração e, portanto, a purificação interior. São coisas que só se comprovam pela experiência.

A proximidade e a intimidade com o Pai e com os pobres asseguravam a fonte da mística de Jesus, de acordo com o refrão da oração que Jesus nos ensinou: "Pai nosso e pão nosso"... Podemos, geometricamente, usar a imagem do vertical e do horizontal. No ponto onde se juntam um e outro, encontram-se a pessoa e Jesus na práxis cristã. Estar sempre em comunhão com o Pai e em comunhão com o povo, lutando para que o Pão Nosso torne verdadeiro o projeto de que o Pai seja nosso, na medida em que o pão for de todos e não de uns poucos.

Há quem duvide que um trabalhador, um desempregado, um militante do ABC paulista possa ter acesso à mística, mergulhado que está em tantos conflitos. Se pensamos assim, é porque ainda não entendemos o que é a mística.

A mística só existe para nos ensinar a lidar com o conflito e para fazer com que, dentro dele, não sejamos esmagados, mas estejamos sempre acima ou numa relação que não nos quebre a harmonia interior e a da relação com os outros. O zen-budismo, uma dissidência do budismo, propõe que o monge, no centro de Tóquio, atinja o Nirvana. Ora, o centro de Tóquio é como o centro de São Paulo. Ao mesmo tempo que dificultam, os grandes conflitos também facilitam. Eles nos fazem ter mais apetite para a experiência mística, e não o contrário.

Lembro de uma parábola: Tara é a deusa do Tibete, protetora da luz divina em torno das pessoas e dos lugares. O 5º Dalai-Lama via a deusa protegendo o mosteiro e também um pobre tibetano que ficava rodeando o lugar, rezando em seu louvor. Os monges cultos do mosteiro foram escutar a oração daquele pobre homem e chegaram à conclusão de que sua fala era em sânscrito completamente adulterado, com palavras trocadas, faltando versículos fundamentais, enfim, uma oração de pobre, de analfabeto. Resolveram, então, instruí-lo para que rezasse à deusa Tara exatamente como o Dalai-Lama, de forma impecável, com estilo, como uma deusa merece. Depois de instruírem bem o homem, ele voltou a ficar rodando em volta do palácio, porém nunca mais a deusa apareceu. Muitas vezes fazemos isso com a espiritualidade.

Os caminhos da experiência de Deus

Leonardo Boff

Os grandes conflitos da vida podem pôr em risco a experiência de Deus, porque a experiência de Deus é uma caminhada nunca assegurada. Toda tradição fala dos três caminhos. O primeiro é positivo, vai pela luz, pela bondade. O segundo, negativo, é a negação dos sentidos e da mente. No fim, a transfiguração, a exaltação, onde se capta Deus para além dessas contradições.

No processo da experiência de Deus, colocam-se em crise as imagens de Deus. Há muitas pessoas com uma experiência trágica na vida, de morte, assassinato, violência. Como Deus pode ser Pai se permite isso?, perguntam-se, e entram em crise. Na verdade, o que entra em crise é a nossa projeção de Deus como Pai, o nosso conceito de Deus como Pai.

O grande grito de Cristo na cruz: "Pai, Pai, por que me abandonaste?" destruiu a imagem de Deus-Pai empírico. Jesus também formou a imagem de Deus como Pai de infinita bondade, que iria intervir, salvar o Messias em risco no momento em que o Reino seria instaurado... Deu-se conta, então, de que o Reino não vinha assim, como se imaginava empiricamente.

Jesus continua a crer. Grita contra Deus: "Por que me abandonaste?", mas continua a chamá-lo Pai. Só que agora o Pai é outro Pai. Deus-Pai é luz e bondade. Só que outra luz e bondade. A crise vai destruindo imagens de Deus e reconstruindo outras.

Os mestres orientais apontam os três caminhos. No primeiro, a montanha é a montanha, tem tantos metros, é majestosa. Quando se entra em crise, descobre-se a segunda afirmação: a montanha não é a montanha. Destrói-se aquela imagem da montanha. A partir dessas experiências de purificação, começa-se a recriar a imagem da montanha. No fim, a certeza: a montanha é a montanha.

A primeira afirmação e a última, apesar de formalmente iguais, não são a mesma coisa. Porque, no meio, houve a crise da montanha. Todo mundo que faz análise, acompanhado por um psicanalista ou por si mesmo, descobre seu processo de individuação, sua personalidade, e, de repente, estranha: não sou eu! Entra em crise de identidade. É saudável, não é patológico. Ai daquele que não passa por uma crise de identidade! É uma pedra! Não somos pedra, somos como as plantas, seres vivos. Não somos tijolos colocados uns sobre os outros. Somos algo vivo que vai crescendo organicamente.

Os orientais afirmam que tudo tem seu Buda: a pedra, o relógio, o animal, a pessoa humana. Significa que tudo tem a sua medida, sua identidade e tem de crescer até alcançar a plenitude do Buda dentro de si mesmo. Há dimensão búdica até nas linhas da mão: aquela linha que aponta para a dimensão contemplativa na vida. Não só se vive o atropelo dos fatos, mas se procura o fio condutor que os amarra. As coisas não acontecem por acaso, arbitrariamente, ou por fazer. Tudo é uma mensagem, uma interrogação. Na hora, não se sabe. Depois, talvez se descubra. Assim os sonhos, os encontros, as palavras, aquilo que se leu, tudo carrega uma mensagem. Temos que decifrar a mensagem escrita no código dos acontecimentos que nos marcaram.

Há experiências que são desoladoras, devastadoras da psique humana. Por isso, toda verdadeira teologia passa por uma fase de negação, de ateísmo, isto é, de negação de todos os nomes de Deus. É a teologia negativa. Nega tudo de Deus. Como dizem os místicos, "nada digo de Deus porque tudo que digo é mentira, é blasfêmia. Deus é tão extraordinário, que toda palavra é vazia". Esse momento é devastador. Mas, para quem persevera, aparecerá outra imagem, outro nome de Deus, que reintegra esse negativo. Então elabora-se uma experiência mais rica de Deus. Vamos, de crise em crise, nos purificando, até o grande encontro. Vamos nos acostumando com Deus, ficando amigos de Deus, para poder conviver infinitamente com Ele. Eternamente nele, pois Ele é tudo em todos.

Como conciliar o cotidiano do militante com a mística? Há militantes e militontos. Os segundos querem fazer a revolução das coisas, mudar o mundo, excluindo-se da mudança. Não. Eles precisam, desde agora, viver o novo, o alternativo, a partir de si próprios. Portanto, é fundamental que o militante tenha tempo para si mesmo. Tudo é político, mas o político não é tudo. Há o futebol, o namoro, a cerveja, a religião, o bom de se jogar conversa fora, sem o que não vivemos humanamente. Quem decreta que a vida deve ser 24 horas de militância fica totalmente atropelado pela própria realidade e não muda nada, só piora o seu estado nervoso. Há que se manter distância. Os problemas não podem nos inundar de tal maneira que se tornem um único problema. A realidade é muito mais rica do que o quadro que definimos e recortamos, dizendo-nos que é a realidade. Ela tem outras potencialidades.

Max Weber deu uma palestra a jovens que queriam ser políticos para reconstruir a Alemanha após a Primeira Guerra Mundial. Lições sábias de um grande pensador, segundo as quais, para ser um bom político, é preciso ter fundamentalmente duas coisas: um grande sonho, o empenho de realizar coisas, e, ao mesmo tempo, distância dessas mesmas coisas. Quem se joga totalmente se afoga. A distância permite ser livre, criativo. Se quero ler um livro, não posso colocá-lo grudado ao nariz; tenho que colocá-lo à distância. Essa distância cria liberdade, importante para a criatividade e para que a pessoa se conserve humanamente, se refaça e continue a luta. Senão a política se transforma em politicagem, manipulação, jogo de poder e não instrumento de justiça, mediação, promotora do bem comum. Hoje em dia, não só o bem comum humano, mas o bem comum ecológico. O bem comum cósmico. Os elementos também precisam ser bem tratados e incluídos na nossa política.

É imprescindível que tenhamos o hábito da meditação, da leitura, da conversa, da reflexão mais profunda e tranquila, e não só uma reflexão estratégica e tática, carregada de interesses, sem a capacidade de captar a relevância objetiva das coisas. O interesse só pergunta: como é que eu ganho? Como o inimigo reage? Como faço? Ora, isso nos faz pensar só numa intenção, isto é, sempre na segunda intenção. Perdemos toda a inocência das coisas, a gratuidade, a fraternidade, a transparência dos nossos atos. Temos de saber articular esses vários campos, para a saúde da própria política.

Mística e cultos africanos

Leonardo Boff

Como se articula a mística com aqueles que seguem o espiritismo, o candomblé etc.? Os negros do candomblé representam culturas não ocidentais. Tenho companheiros negros. Tenho companheiros, no Peru, que são certamente quéchuas ou aimaras, pertencem a outras culturas. Portanto, possuem outra linguagem, outra experiência do mundo, outra experiência do sagrado, outro nome para Deus. Todos foram colonizados pela cultura branca dominante. Até hoje não se permite – a CNBB não permite e muito menos Roma – que o negro católico louve a Deus da forma que gosta. Ele tem que passar pela circuncisão romana, branca. Tem que seguir nossa liturgia, nossa missa formalista, tem de só ver com o espírito sem participar com o corpo.

A cultura da umbanda, do candomblé, é outro universo. Como entendê-la sem ficar apegado ao rito, mas vislumbrando o que está por trás? Qual é a experiência originária que os professantes fazem da diversidade? Certamente eles a traduzem no seu código cultural. Não é uma versão de nossa cultura. Por isso, a primeira reação nossa, às vezes, é de rechaço e escândalo, pois custa-nos acolher benevolamente o diferente.

Eu mesmo, nas primeiras vezes que fui a centros de macumba e de candomblé, seja em Petrópolis, Niterói, Rio ou Bahia, achava sumamente estranho esse outro mundo. No momento em que começamos a entrar naquele universo – porque são religiosos como nós e é possível estabelecer com eles pontes de comunicação e compreensão –, pudemos tentar pensar a partir deles. Não sentir como eles sentem, mas sintonizar com o seu universo. Descobre-se, por exemplo, que toda religião afro é profundamente cósmica. A nossa religião se dá na palavra, no rito, no conceito, na compreensão, enquanto a deles se dá nos alimentos, na pipoca, no charuto, na cachaça, na cor. Observando-se bem, não se trata de qualquer alimento. Por que a cachaça, o charuto, o vatapá? Porque têm a ver com as situações existenciais do cotidiano que eles viviam nos canaviais ou nas grandes plantações de fumo, aquele cotidiano avassalador em termos de trabalho opressor e de indignidade. Ali eles fizeram a experiência do sagrado e usaram aqueles elementos – o fumo, a cana, o pão velho no vatapá – como sacramentos para comunicar a experiência do sagrado, da mesma forma que nós usamos os elementos primordiais da nossa cultura, que são o pão e o vinho da cultura mediterrânea.

Para os astecas e maias, e todas as culturas andinas, é o milho. Nas culturas orientais, o arroz.

Os africanos têm uma experiência mais cósmica de Deus, ligada aos alimentos, que são todos carregados de axé, aquela energia divina que está nas coisas. Nós, cristãos, temos uma aproximação com o axé: o Espírito. Tudo está cheio de Espírito Santo ou das energias do espírito, que corresponde mais ou menos ao axé deles.

Devemos alcançar a compreensão não de um e outro elementos, mas daquela totalidade cultural comparada com a nossa totalidade cultural. Em vez de ficarmos no entendimento da superficialidade, ver as intencionalidades profundas. E, talvez, descubramos que a experiência que eles querem traduzir é muito mais radical, mais completa, mais integradora de Deus do que a nossa, que tem séculos de dualismos, de oposições não reconciliadas.

Frei Betto nos conta um fato interessante ocorrido no sínodo de Roma sobre a justiça, em 1971. Um bispo africano convidou vários bispos ocidentais para assistir a um filme sobre a liturgia na diocese dele, lá na Africa. O filme mostrava uma missa campal. O altar era um tronco de árvore cortado. Em torno dele, apareciam vários negros tocando tambores, mulheres negras com seios à mostra, todos trazendo os corpos pintados com cores vivas. Um bispo europeu levantou-se e declarou: "Eu protesto, isso é uma blasfêmia, um absurdo, não é a liturgia da Igreja!"

O africano respondeu: "Olhe, pode não ser a liturgia de Roma, mas da Igreja é. Porque se nós, africanos, tivéssemos evangelizado a Europa, a essa hora os senhores estariam todos com os corpos pintados, desnudos, dançando em volta do altar".

A unidade corpo-espírito e a física quântica

Frei Betto

Por mais que, conceitualmente, admitamos que somos unidade espírito-matéria, experimentalmente ainda guardamos a sensação de que temos uma matéria por fora que guarda um espírito por dentro. A unidade conceitual muitas vezes não se confirma na percepção vivencial, experimental.

Ora, a nossa concepção matéria-espírito, como a nossa concepção do mundo, decorre basicamente de duas fontes: a filosofia de Descartes e a física de Newton. A junção das duas constitui a matriz da cultura ou da visão ocidental das coisas. Essa visão cartesiana-newtoniana consiste numa concepção mecânica do Universo. Como um relógio que funciona por si mesmo e tem uma fonte de energia, assim acontece com o Universo. Há um mecanismo intrínseco, endógeno ao objeto, que faz com que ele funcione. Cabe à ciência conhecer esta mecânica da matéria, entendida tanto no seu aspecto macro – o Universo –, quanto no micro – como funciona uma célula do corpo humano ou o interior do átomo.

Para conhecer o relógio, o relojoeiro o desmonta. E quanto mais conhece as partes, melhor compreende o todo. Toda a nossa concepção de ciência vai por esse caminho; é pela decomposição das partes que melhor compreendo o todo. Essa visão newtoniana-cartesiana influi inclusive na visão marxista. O marxismo procura decompor a sociedade em infraestrutura e superestrutura, em instâncias econômica, política, social, ideológica... Um cientista crê que esmiuçando o corpo humano o conhece melhor.

A percepção, a lógica oriental, ainda hoje é outra. O oriental não conhece apenas com a razão, mas também com a intuição; tem uma apreensão do todo que explica as partes, e não necessariamente uma apreensão das partes que explique o todo. Daí a dificuldade de os ocidentais entenderem a cabeça dos japoneses, dos indianos, e sobretudo dos chineses, cuja cultura foi pouco influenciada pelo Ocidente. A medicina chinesa, por exemplo, que entrou no Ocidente pela acupuntura, pela medicina tibetana, pelo uso das ervas, encerra uma concepção completamente diferente da nossa. A visão newtoniana-cartesiana encontra-se em plena falência. A humanidade começa a ter, do ponto de vista científico, numa nova visão da realidade, do que seja a matéria, do que sejam o macro e o micro.

Essa nova visão – que exponho aqui de modo bem resumido, mas desenvolvo no livro *A obra do artista – Uma visão holistica do universo* – surge com as pesquisas sobre o átomo e a energia nuclear, iniciadas no fim do século XIX. Desde os gregos, desde Demócrito, havia a ideia de que o átomo (palavra que, em grego, significa *indivisível*) era algo que não se pode dividir. Os gregos já haviam percebido, intuído, que a matéria era formada, na sua base primordial, por aquilo que chamamos átomos. É a célula que forma o tecido da nossa pele, dos nossos ossos, dos cabelos etc. Uma célula é formada de moléculas. Células e moléculas formam também todos os animais e plantas, porém uma pedra não tem células, porque não tem vida. Uma pedra tem moléculas. Os seres vivos têm moléculas e células. As moléculas, por sua vez, são formadas de átomos. Então, toda matéria do Universo tem átomos. O ar que respiramos contém átomos. A maior célula que o olho humano pode ver é o ovo das aves. A maioria das células não é visível.

Havia a ideia de que o átomo não só era a base primordial de toda matéria existente no Universo, como também de que o átomo reproduzia, no micro, o sistema solar do macro. Já pensaram como é admirável que com apenas 26 letras se possa escrever *Grande sertão: veredas*, de Guimarães Rosa, a *Ilíada*, de Homero, toda a obra de Machado de Assis e toda a poesia de Fernando Pessoa? Com apenas 26 letras montam-se todas as bibliotecas, as enciclopédias, e toda a vasta obra de Leonardo Boff... Ele conseguiu misturá-las de tal maneira que produziu aquela maravilha de obra teológica e espiritual. Da mesma forma a criança, com alguns quadradinhos de madeira, monta os mais diferentes desenhos, edifícios, casinhas.

Também a matéria do Universo, toda ela, a matéria do nosso organismo, do ar que respiramos, desse livro, está "escrita" por apenas 94 "letras", que são os 94 átomos encontrados na natureza. Existem átomos fabricados em laboratório, mas vamos descartá-los. A base da matéria universal são os 94 átomos encontrados em estado natural. Por exemplo, átomos de hidrogênio, oxigênio, cálcio, ferro, ouro... De onde vêm, onde foram fabricados? Assim como numa padaria tudo é feito com trigo – pão, pão de forma, bolo, biscoito –, e tudo passa pelo forno, embora sejam alimentos diferentes, todos os átomos, à exceção do hidrogênio, que é a matéria-prima atômica, passaram pelo forno das estrelas. Deve ser por isso que a olhamos com tanta nostalgia para o céu estrelado... Porque há alguma coisa em nós que desconfia de que a estrela é a nossa mãe. A estrela é, na verdade, o grande útero no qual todo o Universo foi gerado. Todos os átomos contidos em nosso corpo, sem exceção, foram fundidos no calor de uma estrela.

Assim como a padaria usa a farinha de trigo para fazer tantas coisas diferentes, o Universo, na sua explosão inicial, antes do aparecimento das estrelas, continha um só tipo de átomo, o hidrogênio. No calor das estrelas o hidrogênio é, literalmente, cozido, e quanto mais elevado o ponto de aquecimento, mais ele vai se transformando em diferentes qualidades de átomo. Quando se cozinha no forno a farinha de trigo, daqui a pouco ela vira pão, se ficar muito tempo, vira carvão. Assim acontece na estrela. O hidrogênio se transforma em hélio; o hélio, em oxigênio, o oxigênio, em cálcio, magnésio, ferro, ouro, até chegar ao mais resistente e último de todos os átomos. Quando a ciência quer conhecer um pedaço de osso de dinossauro e saber de que época ele é, basta um microscópio eletrônico e, com a química do carbono 14, perguntar qual é a data dos átomos contidos naquele osso. Aliás, temos todos esses elementos em nosso corpo.

Havia a ideia de que o átomo seria semelhante ao sistema solar, e que teria leis determinadas. Como dizia Einstein: "Deus não joga dados". Ou seja, não há nada na natureza que não possa ser previsto pela sua mecânica. Até aqui estamos com Newton. Só que, graças à evolução da tecnologia, sobretudo ao microscópio eletrônico e à montagem de grandes laboratórios de manipulação do átomo, começou-se a descobrir, no início do século XX, a novidade que abalou a ciência: o átomo não é a matéria-prima do Universo. O átomo é formado por partículas menores, como prótons, nêutrons, elétrons, que, por sua vez, são formados de outras partículas subatômicas, como os quarks, absolutamente invisíveis, porém perceptíveis pela física quântica, que é a física das partículas subatômicas. Portanto, descobriu-se que o átomo não é o pai da natureza. O quark é a partícula mais ínfima conhecida pela ciência. É hoje o Abraão da matéria, apesar da desconfiança de que o quark não seja o pai de tudo. Brinca o cientista cristão: se você conseguir ver o que está por trás de um quark, o que descobre? Descobre Deus.

Há um momento em que a matéria cessa e, do outro lado, descobre-se o Criador mais a criatura. A ciência chegou, até hoje, ao quark; pode ser que chegue a outras partículas subatômicas.

No nível mais ínfimo, a matéria é onda e/ou energia e, ao mesmo tempo, partícula, matéria. Em outras palavras, toda matéria existente no Universo – essa cadeira na qual estamos sentados, a roupa que vestimos – é pura energia condensada. Assim como o gelo é água condensada, a matéria é energia condensada. Se alguém pegar um microscópio eletrônico e examinar um microfone, verá bilhões de moléculas num alucinado baile, em todas as direções, num frenético movimento. E se colocar o microscópio no plástico da cadeira onde me sento, vai ver o mesmo movimento de moléculas. A sensação de resistência que o metal transmite a meu tato é, simplesmente, porque as moléculas correm em direções diferentes e, como são moléculas de átomos resistentes, então passam essa sensação. Se as moléculas corressem todas na mesma direção, o microfone se desmancharia na hora. Se as moléculas do Cristo do Corcovado corressem todas numa direção, a estátua derreteria como picolé ao sol. Parece incrível, mas é científico, porque uma coisa é a nossa percepção da matéria e outra o que a matéria é.

Quando, hoje, o cientista analisa a matéria, descobre que, no seu ponto mais ínfimo, a matéria é simultaneamente espírito e matéria. Toda a nossa materialidade é simultaneamente material e espiritual. Quer dizer, o espírito está na unha, no osso, na pele... Não há um espírito dentro. Não só o ser humano é, simultaneamente, espírito e matéria, mas toda matéria o é. A cadeira é espírito e matéria. O poste de rua é espírito e matéria. Apenas temos uma apreensão da dimensão espiritual que, imaginativamente, localizamos no coração, no plexo solar, como dizem os orientais. É uma forma de percepção. Toda nossa percepção é localizável, mas toda matéria do Universo é simultaneamente espiritual e material, e não pode ser dividida.

Duas experiências fantásticas: toma-se o elétron (partícula subatômica chamada elétron, da qual vem a palavra eletrônica), coloca-se seu polo positivo em São Paulo e o negativo em Tóquio. O cientista abaixa o polo positivo em São Paulo; simultaneamente o polo negativo de Tóquio sobe. O cientista japonês abaixa o polo negativo em Tóquio, simultaneamente o polo positivo do elétron sobe aqui em São Paulo. Foram contar a Einstein o que tinha acontecido. Ele não acreditou, porque não há nada mais rápido no Universo do que a velocidade da luz. Se não houve emissão de luz entre esses polos, em princípio eles não poderiam se comunicar. A luz é o que há de mais veloz no Universo, tem uma velocidade de 300 mil quilômetros por segundo. Por isso, se hoje uma estrela apagar-se no céu, só vamos percebê-lo daqui a duzentos ou trezentos anos, dependendo da distância em que ela se encontre. Durante duzentos ou trezentos anos, o homem continuará vendo o brilho dela no céu, porque sua luz estará todo esse tempo viajando em direção aos nossos olhos. As distâncias no Universo são tão grandes que, apesar da velocidade de 300 mil quilômetros por segundo, o brilho ainda dura centenas de anos.

Einstein, ao morrer, já admitia a base científica daquela experiência. Os cientistas quânticos disseram-lhe que era intrigante o fato de, entre o polo negativo de São Paulo e o positivo de Tóquio, não haver emissão de luz. Nenhuma forma de contato. Isto quer dizer que, quando se move um polo aqui e outro lá, estão se movendo duas coisas que, apesar da distância, não se separaram. Significa que, no fundo, toda matéria do Universo está profundamente ligada, como as células da nossa mão. Um exemplo: nós estamos respirando átomos de oxigênio que contêm milhares de elétrons que foram corpo de Jesus, corpo de Napoleão, corpo de girafa, de dinossauro, de árvore... Isso faz com que a ciência passe a ter uma nova visão.

A segunda descoberta intrigante é a seguinte: quando se estudam as partículas subatômicas, que são simultaneamente matéria e energia, constata-se que não existem leis determinantes. Sabe-se que a ciência é a capacidade de determinar as leis da natureza. Acontece que as leis da natureza terminam onde começam as partículas subatômicas. Em outras palavras, a pergunta que os cientistas fazem determina a resposta que a natureza dá. É muito perturbador para a ciência a ideia de que a subjetividade humana possa interferir no movimento de alguma coisa que deveria independer dela. A isso chama-se *princípio da indeterminação*, rege toda a concepção científica da física atual. É ele que está colocando Newton e Descartes nas prateleiras dos museus. Os orientais, como os vedas e hinduístas, já tinham pressentido o princípio da indeterminação três mil anos antes de Cristo. E isso intriga os cientistas antirreligiosos. (Aconselho dois livros de um mesmo autor, Fritjof Capra: *O Tao da física* e *O ponto de mutação*. São Paulo: Cultrix. Explicam melhor esses temas.)

Portanto, não existe vida espiritual separada da material, não existe um espírito que pode se deslocar da matéria, não existe um espírito dentro do nosso corpo material. O que existe é simultaneamente matéria que é puro espírito. Ou, em outras palavras, você, que anda, ri, chora e dorme, não passa de espírito condensado, de energia condensada. Se nos aprofundarmos em sua materialidade, descobriremos que você é mais "vazio" do que matéria.

Pode-se ter uma ideia do que há de "vazio" e de matéria num átomo. Todo o limite da cidade de São Paulo seria o átomo. E o núcleo, um fusca parado na praça da Sé. Entre o fusca e o limite da cidade, nada. Ou seja: há mais espaços vazios em nós do que materialidade. Há mais energia não condensada do que condensada.

A ciência constata que a formação do Universo, tal como existe hoje (galáxias, estrelas etc.), se deu por um detalhe químico extremamente insignificante aos nossos olhos, porém fundamental. É fantástico que na explosão dessa grande bomba de hidrogênio que o foi o *big-bang* tenham-se dado determinadas mutações químicas que produziram as estrelas que, por sua vez, no seu forno, cozinharam o hidrogênio primitivo, produzindo diferentes átomos. Mesmo para os cientistas esse fato é um espetáculo, quase um milagre. Hoje, a ciência, sem fazer literatura e ficção, sabe dizer exatamente como foi o início dessa história do universo. Há um livro a esse respeito, de Steven Weinberg, *Os três primeiros minutos* (Lisboa: Gradiva).

A vida é um milagre. A ciência até agora não conseguiu explicá-la. Há uma discussão sobre se ela teria vindo do fundo dos mares ou surgido na superfície terrestre. Ninguém ainda conseguiu reproduzir a vida em laboratório sem utilizar como base algo vivo – a célula. Estão tentando, pode ser até que o consigam. Porém, a possibilidade de uma célula se alimentar de oxigênio é a mesma de você poder respirar bem dentro de uma garagem com vários carros ligados. O oxigênio é um gás altamente letal, tão letal que é capaz de transformar, em poucos anos, um navio feito do mais resistente metal em sucata oxidada. Imagine-se o que faria com uma célula. No entanto, a célula teve de aprender a se viciar, como alguém que se vicia numa droga e não sabe mais viver sem ela. Nossas células são viciadas em oxigênio, um gás venenoso, sem o qual, entretanto, não vivemos. Aos olhos da ciência, isso é fantástico. Como a molécula conseguiu se viciar em oxigênio, produzir a célula e desencadear o processo de vida?

Por um pequeno detalhe químico, poderia não haver vida no Universo. Haveria o Universo, mas ninguém saberia que ele existe, porque só a nossa consciência lhe dá sentido. Podem até existir outros Universos, que talvez não tenham nenhuma forma de vida. Nada impede que o nosso seja um entre tantos outros Universos.

A visão da física quântica está revolucionando também a nossa visão de espiritualidade.

Ver além das aparências

Leonardo Boff

Um dos atuais desafios é o de como pensar Deus e a espiritualidade dentro dessa nova cosmologia, dessa nova imagem do mundo.

Não só o nosso, mas todos os corpos têm milhões de anos de evolução. Nossa psique também. Nossa alma tem milhões de anos de caminhada. Ela é tão ancestral quanto o corpo, pois essa unidade que nos constitui – corpo-espírito – remete a uma realidade mais fundamental ainda, que é a energia em distintos níveis de cristalização e de equilíbrio.

Segundo essa nova visão do mundo, praticamente não existe matéria; matéria só existe tendencialmente. O que existe são energias. Energia é a realidade básica. Essa energia se condensa, se equilibra e emerge como matéria. Ou se complexifica, como é o caso do cérebro humano, emergindo, então, como consciência. A grande revolução dessa matéria, comprovada experimentalmente, foi a fórmula de Einstein, segundo a qual matéria e energia são conversíveis. Pode-se transformar a matéria em pura energia e transformar a energia em matéria. Portanto, matéria e energia são dimensões da mesma realidade. Citando um exemplo que colhi de um livro, a conversão de um só grama de matéria em energia desprende tanto calor que faz evaporar 28 bilhões de litros de água num único momento.

Estamos chegando tarde a essa compreensão, ao contrário dos orientais, que não partiram da matéria, mas da energia. Nós partimos da matéria. Dos corpos chegamos ao átomo; fomos mais longe, descobrimos os elementos subatômicos, até chegar lá no fim, à energia primordial. Os orientais, não. De saída, toda a compreensão oriental, seja na Índia, no Paquistão, no Japão ou na China, parte desta base: o que existe é energia cósmica. A suprema energia é o Nirvana ou o Tao, não importa o nome. O ser humano é um dos portadores privilegiados de energia. A figura transcultural que simboliza essa energia é a serpente, chamada Ouroboros, seu nome mitológico. No mito, a serpente engole o próprio rabo: é o círculo, a mandala. Não há polaridade ainda. É um equilíbrio de energia. Num dado momento, a serpente ergue a cabeça e surgem duas polaridades: a cabeça e o rabo. Existem então matéria e energia, masculino e feminino, partícula e onda, Deus e mundo. Ela começa a ascender e, à medida que ascende e se move, vão-se desprendendo energias.

Na compreensão oriental, a força dessa serpente (em sânscrito se chama *kundalini*) está também assentada dentro de nós. Ela está como que adormecida em nosso interior e, quando desperta, começa a subir e se revela em sete nós fundamentalmente, onde sua cabeça emerge com novas energias. São os chamados *chakras*, aqueles pontos vitais que toda medicina oriental, hoje universalmente conhecida, trabalha. *Chakra* significa nó de energia. *Kundalini* significa energia da serpente. E não é só uma energia do nosso equilíbrio pessoal, físico, da nossa saúde, ela é fundamentalmente uma energia espiritual.

Pela meditação, pela interiorização, vamos ativando os nossos *chakras*. O primeiro, embaixo, da luz vermelha, é o *chakra* do nosso assento, onde ela desperta. É toda a vitalidade sexual e biológica. Sobe, na cor alaranjada, para a região pélvica até o umbigo. São as nossas emoções interiores. Ou então aparece ao redor do estômago, na cor amarela, onde se situam as emoções que vêm de fora, que nós trabalhamos. Ou no peito, na cor rosa, lugar das emoções em termos de amor, amizade, sensibilidade para com o outro. Ou no pescoço, na cor violeta, o da respiração, que vai e vem e revitaliza todo o nosso organismo. Na cor azul, o terceiro olho da testa, que é a capacidade de intuir, de ver além das aparências. E, finalmente, na região pineal, aquele jato de luz cor de prata por sobre a cabeça, que vai para o universo. Através da meditação podemos realimentar essa energia e fazê-la subir por todo o corpo até a cabeça e, assim, nos universalizarmos pelo cosmos afora. O mito cristão traduz essa energia na aura dos santos. Coloca-se nos santos aquela auréola não porque eles a tenham, mas para simbolizar que alcançaram tal santidade, tal comunhão com a totalidade e com Deus, que ativaram toda a dimensão da cabeça que inclui o terceiro olho, a intuição das coisas fundamentais, e, por fim, a glândula pineal que expressa a comunhão absoluta com Deus e com o cosmos. Daí a visão integradora que toda santidade traz.

Outras figuras, do Egito, ou dos maias e dos astecas, mostram, não uma aura, mas uma espécie de espada, de energia que sai da cabeça, ou uma serpente para cima. Quem vai a museus e olha atentamente as obras das várias culturas, pode notar que muitas delas apresentam cabeças de serpentes saindo por toda parte da pessoa humana. Representam aquela energia cósmica que passa por nós e vai além de nós. O universo inteiro é constituído desse equilíbrio de energias.

Hoje, há um diálogo muito profundo entre cientistas atômicos, biólogos moleculares e grandes místicos orientais, que chegam a profundas convergências. Nós, ocidentais, pelo caminho da matéria, chegamos à energia, e eles, pelo caminho da energia, chegam às cristalizações dessa energia, chegam à matéria.

Recomendo um livro de uma filósofa francesa que vive nos estados Unidos, Renée Weber, cujo título é: *Diálogo com cientistas e sábios* (São Paulo: Cultrix). Ela entrevista cientistas atômicos, físicos, místicos orientais, místicos cristãos católicos que vivem na Índia, biólogos e literatos que abraçam esse discurso. Há um outro, também muito acessível, que foi *best-seller* na Europa em 1992: *Deus e a ciência* (Rio de Janeiro: Nova Fronteira). É o diálogo de dois irmãos físicos, russo-franceses, com um grande filósofo e teólogo católico, Jean Guidon. Os dois irmãos apresentam um pouco essa cosmologia, essa imagem do mundo, da física quântica, da biologia, dos novos avanços, do novo conhecimento da astrofísica. Dissertam sobre o valor científico das viagens espaciais durante as quais os astronautas testam a medicina, os novos metais, a reação dos elementos e da psique humana. Eles tentam sumariar isso numa espécie de diálogo platônico. Só no ano do lançamento, na França, venderam-se setecentos mil exemplares.

Aconselharia um terceiro livro, *O ser quântico* (São Paulo: Best Seller) de uma física quântica, Danah Zohar, que estudou filosofia e teologia judeu-cristã, tendo portanto uma formação como a nossa. É importante o fato de ser a autora uma mulher, pois insere no seu discurso o cotidiano feminino. Ela tenta encaminhar, numa visão coerente, o problema que está em aberto: como combinar a física clássica de Newton e Galileu Galilei, segundo a qual as coisas têm peso, tamanhos, espaço-tempo, com a física quântica, que trabalha com as forças e partículas elementares. Este rádio é, realmente, um conglomerado de átomos, mas se o pego e jogo na cabeça de alguém, ele fere, porque tem peso, tem realidade material condensada. A física clássica tem validade no nível empírico dos sentidos: pegar, pesar, cheirar. Para a física quântica, o rádio não é matéria como última realidade. É um equilíbrio de energias que está ali, em altíssimo grau de densidade e equilíbrio. Como combinar as duas visões? Como afirmar que o pão é uma infinidade de energias e, ao mesmo tempo, uma coisa que preciso comer para me alimentar? Por que esses dois universos, essas duas físicas, se combinam? Porque as duas têm a sua validade. Naquilo que dizem, são verdadeiras.

A psique humana, alma ou mente, também não seria uma forma de matéria muito refinada ou de energia altamente equilibrada? Danah Zohar tenta adentrar essas questões, a questão da consciência, a questão de Deus. Ela é judia, com formação cristã. A imortalidade: que significa morrer? Que significa ir para o céu? Que significa Deus nisso tudo?

O marido de Danah Zohar é um dos grandes psiquiatras europeus que têm trabalhado sobre os neurônios do cérebro, sobre a produção de certos tipos de pensamento e de reação ao se manipular o cérebro com estímulos elétricos e com drogas. Nossa produção interior também insere-se nessa totalidade e é esse universo extremamente uno, e ao mesmo tempo diverso, extremamente dinâmico, e ao mesmo tempo equilibrado, que coloca aos cristãos questões antes não colocadas. Será que os pais dão origem a uma parte dos seus filhos, o corpo, e Deus faz a outra parte, infundindo-lhes a alma? Era este o senso comum, ainda presente no Novo Catecismo que, nesse sentido, é muito velho. Não incorpora nada da produção científica atual. Não é tudo uma totalidade? Não tem tudo a ver com tudo?

Ela tenta responder a isso e demonstrar como a nossa psique já estava presente no primeiro momento da energia primordial chamada X. Não sabemos o nome daquele ponto quase matemático de intensíssima concentração de energia que, de repente, se inflacionou, distendeu-se como um balão e explodiu. Ao explodir, naqueles graus inimagináveis de calor, foram-se diversificando os vários elementos primordiais, tijolinhos com os quais se construiu toda a realidade, feita de átomos. A primeira configuração um pouquinho harmônica dessa explosão foi a criação do gás primordial, com todos esses elementos presentes, desequilibrados, dos quais emergem as estrelas e, das estrelas, outros átomos que elas jogam pelo universo e vão compondo os outros seres. Nós mesmos temos, em nosso corpo, em nossa psique, átomos mais velhos do que o sol, que vêm de regiões siderais, de estrelas, átomos que de lá vieram, passaram por aqui e entraram na composição da nossa realidade humana e individual.

Não há distância entre as coisas, é um *continuum* de energia. Assim, o ônibus que está andando ali tem a ver com as galáxias mais distantes. O que estou dizendo aqui tem a ver com o *big-bang*, com a explosão primitiva. Como formula muito bem Danah Zohar, "tudo tem a ver com tudo em todos os pontos e em todos os momentos".

Se estamos aqui conversando sobre isso, significa que as nossas energias primordiais, que os elementos primários que constituem a nossa realidade, já estavam interagindo há bilhões de anos, para convergir naquilo que está acontecendo agora entre nós. Há uma espécie de círculo hermético de imensa cumplicidade com os que estou vendo neste auditório, formado de gente da Índia, da Bolívia, do Peru etc. Não é que estejamos nos encontrando agora; há milhões de anos se preparava este encontro para o qual nossas energias e matérias primordiais estavam interagindo e se relacionando.

Todos esses cientistas, porque são radicais, isto é, pensam até o fim, se perguntam: "O que havia antes da formação deste pontozinho de energia inimaginável, que é chamado também de vácuo quântico?" Vácuo não porque não tenha nada dentro, pois tem energia, mas nada definido. Não dá para saber, ninguém viu, não assistimos ao nosso próprio nascimento. É como o olho. O olho vê tudo, mas ele não vê a si mesmo. Alguém deve ter criado aquele ponto matemático densíssimo de energia, dizem. A este "antes", que deslanchou tudo isso, as religiões e as místicas chamam de Deus. Ele designa aquela realidade, aquele denominador comum que acompanha todas as evoluções, todas as relações, todos os processos. Ele estava lá antes do começo e no começo, deixando que as coisas explodissem, que as coisas se encontrassem, que criassem essa teia imensa de relações, com números astronômicos, impensáveis, organizados por uma inteligência suprema, que causava espanto e admiração em Einstein: "Deve ser uma inteligência inimaginavelmente ordenadora", reconhecia.

Não só no nível do macrocosmo, mas no nível do pequeno, da ponta do nosso lápis. Que inteligência pensou isso? Temos um nome, um nome de nossa reverência: Deus. Quando falamos Deus, queremos dizer essa realidade antes das realidades. Não queremos dizer uma coisa lá em cima, já constituída, que, de repente, pensou: vamos criar o mundo, deu um sopro e o mundo emergiu. Esta é uma forma muito grosseira de representar a Deus. Hoje, temos uma forma mais adequada à nossa cosmovisão para imaginar a ação criadora de Deus, acompanhando, entrando nessa lógica fantástica da realidade como energia e matéria.

Há um princípio chamado princípio antrópico, que estabelece: podemos falar sobre tudo isso, porque tudo foi organizado de maneira a que pudéssemos estar aqui e falar exatamente disso. Se houvesse uma pequena flutuação no equilíbrio dessas energias, não estaríamos aqui, a vida teria sido impossível. Se estamos aqui para falar é porque o universo equilibrou-se de tal maneira que permitiu a emergência da vida, a vida se complexificando até o ponto de fazer emergir a inteligência e a inteligência se abrindo à luz, podendo entender e dizer tudo isso.

O ser humano, homem e mulher, é parte e porção dessa totalidade. Não é rei ou rainha do universo, é parte dele. Tem uma singularidade única: só ele pode fazer o discurso que estamos fazendo, falar o que estamos falando. A flor não. Ela fala outra coisa. Proclama à sua maneira a grandeza do universo. Tem a sua mensagem, o seu discurso. Um homem moderno como C.G. Jung, que desceu em profundidade aos arquétipos mais primordiais e coletivos da psique humana, ou qualquer mestre zen-budista estabelecem um diálogo com a flor. Jung se retirava para conversar com as panelas, os garfos, as plantas; sentia a planta. Um dos exercícios fundamentais dos iniciados do zen-budismo é começar a se identificar com a montanha até "virar" montanha, isto é, sentir-se montanha; depois, com a planta, sentir-se planta, ficar carregado de energia, de seiva; "virar" um cristal, absorver todo tipo de energia; "virar" Sol e "identificar-se" com Deus. Então, encher o universo. Um exercício comum que os iogues fazem é captar a luz cósmica, azul, que desce em nós como um raio. Eles vão se concentrando, abrindo-se a essa luz, expandindo-se, até atingir os limites extremos do universo e ganhar as dimensões da totalidade.

É todo um processo místico, do qual o zen-budismo e os iogues são os grandes mestres. O processo de mundialização não se faz somente via economia, mercados articulados mundialmente, via ciência e técnica, mas também via subjetividade, mística, aprendizado uns dos outros, para descobrir a riqueza que carregamos sem saber, da qual nós, ocidentais, somos às vezes extremamente pobres.

Uma vez, conversando com um mestre zen-budista de Sri Lanka, ele me disse: "O erro de vocês é que têm centro em cima, na cabeça, por isso tudo está errado em vocês. Como fazer girar o corpo humano se o centro está ali? É uma cambalhota desorganizada. A Bíblia – acrescentou – é um pouco melhor, porque ela empurra o centro para o coração. Nós orientais o temos na barriga, no umbigo. Nós sentimos, pensamos e organizamos o mundo a partir do centro umbilical, onde toda energia nos chega e toda energia sai, e, assim, entramos no equilíbrio cósmico. Vocês são desequilibrados e lançam seu desequilíbrio ao mundo inteiro".

Também me disse o mestre zen-budista de Sri Lanka: "Vocês são de uma religião muito nova. O cristianismo só tem dois mil anos. No meu mosteiro, trabalhamos com três, quatro, cinco mil anos de tradições espirituais".

Ali, sentimo-nos absolutamente irrelevantes, com a pretensão cristã de possuir a verdade revelada, os instrumentos de salvação e o único caminho que chega a Deus. É a nossa ilusão. Devemos afirmar a nossa identidade, mas não somos suficientemente sábios para descobrir Deus em todas as coisas e lugares, também na China e na

Índia. Só conseguimos descobri-lo no segmento nosso, na cultura branca, num livro judeu-cristão, e não nos vedas, no *Bhagavad Gita* ou nos grandes textos de Chuang-Tzu, de Confúcio e de outros grandes mestres espirituais, nos quais a humanidade se educou, encontrou Deus e a santidade. Descobrir Deus nesses andaimes e para além deles. Se seguimos os mestres, não é para ficar presos a eles, é para superá-los, isto é, para viver naquela energia que o mestre viveu.

Quando seguimos o caminho de Jesus, não é para sermos só discípulos e ficar no discipulado. É para fazermos a experiência que Jesus fez, ao ponto de nos sentirmos filhos e filhas de Deus. Por isso, de forma extremamente intuitiva, São Paulo diz: "Somos filhos e filhas de Deus no Filho". Portanto, quem dialoga com o Pai é elevado por graça à altura de Jesus, porque Ele passou a filiação para nós, para sermos também filhos. São João diz: "Filhos não de nome, mas de verdade, de fato".

A espiritualidade de Jesus

Frei Betto

Jesus tinha fé, como nós temos. Aquela ideia do catecismo de que Jesus tinha uma visão beatífica do Pai, como se tivesse uma televisão na cabeça vendo o céu permanentemente, é pura mitologia, é fantasia nossa. Jesus tanto tinha fé que rezava, e só precisa rezar quem precisa aprofundar a sua experiência de fé. Quem tem uma visão permanente do Pai não precisa rezar e não entra em crise de fé. "Meu Pai, por que me abandonaste?" Jesus sentiu-se abandonado por Deus. E passou por tentações do deserto.

Lc 6,12 diz: "Ele foi à montanha para orar e passou a noite inteira em oração". Portanto, Jesus não só se afastava para rezar, como dedicava muitas horas à oração. Às vezes, a noite inteira. Também em Lc 9,18 se lê: "Certo dia, Ele orava em particular". "Ele subiu a montanha para orar."

Ora, Jesus tinha uma espiritualidade que não corresponde àquelas estampas das livrarias católicas. Quando vemos aquelas fotos, aqueles santinhos muito bonitos, com praias maravilhosas e montanhas cheias de aurora e pôr do sol, e abrimos o Evangelho para conferir, percebemos que toda a vida de Jesus, de ponta a ponta, foi uma pauleira só, permanentemente marcada pelo conflito, que teve início antes de seu nascimento.

Quando Maria apareceu grávida naquela sociedade patriarcal, sem estar casada, e o seu noivo ficou perplexo diante do que estava acontecendo, ela passou por mulher infiel e ele, por homem traído, quis ir embora, com vergonha. Teve ainda que se conter, sem poder dizer aos outros o que ocorria. Portanto, a conflitividade é permanente na vida de Jesus. E não só os conflitos com os fariseus, os saduceus, os doutores da lei, os romannos, mas com a própria família. Os evangelhos assinalam como a família, num certo momento, achou que ele estava ficando louco. As pessoas vinham falar: "Olha, você precisa ter contato com a família, deve explicações à família". E ele reagia: "Não, minha família são aqueles que fazem a vontade do Pai, que está no Céu. Esses são a minha família".

Fomos educados sob a ideia de que Jesus teria uma espiritualidade monástica. Jesus nada tinha de monástico. Não era sequer sacerdote. Era leigo, e dissidente da religião vigente em seu tempo, razão pela qual foi condenado por blasfêmia, heresia, porque ousou inovar a Lei que Javé revelou a Moisés.

O que caracterizava a espiritualidade de Jesus, que se poderia chamar *espiritualidade do conflito*, não é, pois, a ausência ou a fuga do conflito. Jesus mergulhava na conflitividade, a ponto de ter tido uma atitude que, até hoje, tira o sossego dos exegetas: por que teria ido para Jerusalém, cidade em que pisou raríssimas vezes, no exato momento em que era mais procurado pela repressão?

O núcleo da espiritualidade de Jesus, para poder viver e conviver com o conflito, era a intimidade com Deus, a quem tratava com muito carinho, chamando de "Abba", meu Pai querido. Deus era, nele, uma experiência de amor. Não um conceito doutrinário ou teológico. Deus era, em Jesus, uma experiência afetiva, afetuosa.

Outra característica é que Jesus rezava em meio à conflitividade da vida pública. Muitas pessoas o seguiam, inclusive os discípulos, tentando protegê-lo um pouco. Às vezes parecia cansado, pois não tinha hora para comer ou dormir, porque as pessoas sempre recorriam a ele. Mas Jesus se preocupava em dedicar tempo à comunhão com Deus. Essa é uma característica da espiritualidade de Jesus, a capacidade de conciliar militância e momentos de oração. Para Jesus, ação não era oração. Ele parava para rezar. Há uma comparação dos místicos e do *Cântico dos cânticos*: um cristão, ou mesmo uma pessoa que não é cristã, mas é mística, que não para para rezar, é como um casal que não para para ter momentos de intimidade. Não há casamento que resista a isso.

Há quem considere que "a ação já é oração", o que é muito relativo. Na experiência de Jesus, era muito frequente Ele retirar-se para estar a sós com Deus.

São Francisco dizia que, se toda a Bíblia fosse jogada fora, bastaria salvar um capítulo do Evangelho: o capítulo 10, de Mateus. Porque, na opinião dele, ali está toda a revelação de Deus. O capítulo 10 de Mateus é o da espiritualidade do conflito. Mostra o que é ser cristão, o que é preciso para seguir Jesus. E é muito interessante, porque começa com a dimensão apostólica da missão, da perseguição, e termina com este versículo, que resume a grandiosidade e a confiabilidade da missão: "E quem der nem que seja um copo de água fria a um desses pequeninos, por ser meu discípulo, em verdade eu vos digo que não perderá a sua recompensa". É como se Jesus dissesse: toda a minha espiritualidade se resume em salvar os pobres. Por que os pobres e não os ricos? Porque a existência dos pobres é sinal de que o projeto de Deus foi subvertido pela injustiça humana. Não há um versículo em toda a Bíblia que diga ser a pobreza agradável aos olhos de Deus. (Costumo brincar que só nós, religiosos, fazemos votos de pobreza; assim mesmo só fazemos, não vivemos. Porque a pobreza é um mal, é fruto de injustiça. Devíamos fazer voto de compromisso com a justiça.)

O amor de Jesus aos pobres é por serem vítimas involuntárias da injustiça, que alterou o projeto de Deus. Está na primeira página do *Gênesis*: Deus nos criou para viver num paraíso. E se não vivemos num paraíso é porque, pela injustiça, alteramos o projeto divino.

Há duas perguntas que são feitas a Jesus nos evangelhos. A primeira é "Senhor, o que devo fazer para ganhar a vida eterna?" Se tiverem a paciência de verificar quem são os que fazem essa pergunta a Jesus, constatarão que ela nunca sai da boca de um pobre, mas de quem já tem assegurada a vida terrena e, agora, preocupa-se com a poupança celestial. É o caso do doutor da lei, de Nicodemos, do homem rico... A resposta de Jesus é, no mínimo, irônica, pois é uma pergunta que o irrita visivelmente.

A outra pergunta é bem distinta: "Senhor, o que devo fazer para ter vida nesta vida? Porque sou cego e quero enxergar, tenho a mão seca e quero trabalhar, sou manco e quero andar, minha filha está doente e quero vê-la curada". Ou seja, o que devo fazer para ter vida em plenitude? Esta pergunta só é feita pela boca dos pobres. Pobreza é estar ameaçado num direito fundamental de vida. A esses, Jesus respondia com seriedade, e cura. E trazia-lhes vida nesta vida. Interessante como a espiritualidade de Jesus era a de quem gera vida, sobretudo para aqueles que estavam ameaçados em sua vida, dom maior de Deus.

Principalmente nós, religiosos, fomos formados numa concepção segundo a qual Deus habita o cume da montanha. Por meio das virtudes morais, temos que escalar a montanha para chegar aos píncaros onde Deus habita. Quando nos confessamos, ficamos cheios de bons propósitos. Só que, ao chegar à metade do caminho, cometo um pecado desse tamanho e rolo com a pedra do pecado para baixo. Tenho que recomeçar tudo de novo. É o mito de Sísifo. Acabo desistindo, acreditando que sou medíocre mesmo, que essa escalada não é para mim. A contemplação, a mística, deve ser para os eleitos, não para mim.

Essa é a espiritualidade do fariseu: temos que ser muito virtuosos para adquirirmos o direito de nos aproximar de Deus. Como estamos impregnados dessa espiritualidade! Quando estamos bem, nos aproximamos de Deus. Quando mal, cheios de contradições e infidelidades, não nos achamos dignos de nos aproximar dele. Numa narrativa zen-budista, um monge pede ao mestre para sair do mosteiro, situado em plena cidade, para ir à montanha encontrar Deus. O mestre lhe concede três anos, ao término dos quais vai visitá-lo. Pergunta-lhe se já havia encontrado Deus, ao que ele responde: "Olha, acho que estou chegando lá, mas não cheguei, me dê mais um prazo". O mestre concorda: "Você tem mais três anos". Três anos depois, o mestre volta. "E então?" O monge diz: "Estou quase. Já toquei na porta dele, só falta abrir. Preciso de um último prazo". O mestre vai embora e, ao voltar, três anos depois, o monge lhe confessa que Deus até abrira a porta, mas não se mostrara ainda. O mestre indaga: "Está convencido de que, atrás da porta, vai encontrar Deus?" Ele responde: "Olhe, depois de nove anos, para falar a verdade, não estou convencido". E pergunta ao mestre: "Onde está Deus?" Ele aponta para a cidade: "Lá embaixo, na merda".

Essa parábola zen-budista é justamente para mostrar a espiritualidade de Jesus. Ela é o inverso da espiritualidade dos fariseus. No primeiro modelo de espiritualidade, o do fariseu, o centro da santidade está na minha capacidade de ser virtuoso. No modelo de Jesus, quanto mais "na merda" estou, mais Deus me ama e mais devo me abrir para ele. Ou seja, não há montanha a subir, não há virtude a servir de critério para o encontro com Deus. Há apenas uma coisa: Deus nos ama irremediavelmente, apaixonadamente, porque Deus é amor. E quanto pior estivermos, mais nos devemos abrir a esse amor de mãe. Porque a mãe se preocupa mais com o filho doente, fraco, que está metido em uma porção de rolos. É com esse que ela mais sofre, é a esse que ela mais quer. É preciso deixar-se acolher, na linha do acolhimento que Jesus fazia à prostituta, ao ladrão, ao sujeito que está condenado pelos fariseus, enfim, à escória. Os convidados ao banquete, na parábola, são a escória. São os privilegiados no festim do Pai.

A espiritualidade de Jesus é a do amor. Na espiritualidade do fariseu, Maria é fiel a João porque há um código social que prega que a infidelidade conjugal é um pecado e um escândalo. Maria é doida para dar "uma pulada de cerca" e João também, mas diz a moral conjugal que têm de ser fiéis um ao outro. Na espiritualidade de Jesus, Maria é tão apaixonada por João, e João é tão apaixonado por Maria, que não conseguem deixar de ser fiéis um ao outro.

Eis a proposta de Jesus: deixar-se amar por Deus para ser virtuoso, e não ser virtuoso para chegar a Deus.

Jesus e a experiência de Deus-Pai e Mãe

Leonardo Boff

Como cristãos, queremos, no nosso caminhar para Deus, ser iluminados por Jesus, pelo caminho de Jesus, e poder vivenciar o topo de libertação vivenciado por Ele. É próprio da experiência cristã, judeu-cristã, descobrir Deus na história, isto é, nas relações humanas, na história de um povo, nas suas lutas e conflitos pela própria identidade e pela terra. Deus vai emergindo aí dentro.

Como Deus emergiu na história de Jesus? Jesus não é um ser errático, que vive sozinho. Ele tem uma pátria, um povo, tem pai e mãe, parentes. Portanto, tem um conjunto de relações que vêm antes de Jesus, atravessam-no e vão para além dele.

Se Jesus, por um lado, é criador de uma nova história, funda uma nova relação com Deus, por outro, Ele também é produto de uma história, como expressou o Novo Testamento ao traçar a sua genealogia. São Mateus começa com Abraão e vai até Jesus. São Lucas começa com Adão e também vai até Jesus. E São João começa por Deus mesmo, até chegar a Jesus, Deus-encarnado. Tanto Lucas como Mateus colocam mulheres na genealogia de Jesus, inclusive prostitutas. Quer dizer, Ele também participa, pelo sangue, da história obscura da humanidade. A encarnação significa isso, Ele entra em todas as contradições que essa humanidade carrega, para assumi-la, resumi-la e redimi-la por dentro. Esse é o credo cristão.

O mundo de Jesus era fundamentalmente de opressão, interior e exterior. Desde 587 a.C. seu povo vivia alienado, política e historicamente. Primeiro, sob o domínio da Babilônia, e, depois, sucessivamente, sob os domínios persa; de Alexandre Magno, da Macedônia; dos ptolomeus do Egito; da Assíria e, por último, dos romanos, no ano 64.

Em Israel, para as pessoas de fé, isso era um escândalo. Como podia o povo amado de Deus, o povo escolhido e privilegiado não ter liberdade? Não era somente a privação da liberdade política, mas sua submissão a outros deuses porque, naquela época, as divindades das potências e dos impérios vencedores deviam ser aceitas pelos vencidos. Todas as revoltas em Israel se originavam desse problema: manter fidelidade a Javé ou venerar as divindades da Babilônia, do Egito ou de Roma. Significava um escândalo, uma blasfêmia ou uma traição estar sob domínio estrangeiro.

Jesus encontra o seu povo nesse escândalo. "Javé nos abandonou. Há quinhentos anos já. Que Deus é este que nos tirou do Egito para nos manter escravos?" Jesus se dá conta de que a Lei, a Torá, que devia ser caminho da libertação, da experiência de Deus, transformara-se numa rabulística, num casuísmo. Discutia-se quantos passos se pode dar no sábado, quantos ovos devem-se cozinhar neste dia. Jesus reagia, manifestando sua inconformidade com o fato de que conseguiam esvaziar os mandamentos de Deus para continuarem observando as suas tradições. Sabemos que o conflito fundamental de Jesus foi com os piedosos do tempo, os fariseus, que dominavam a cultura popular, porque viviam junto ao povo e atuavam com a rigidez da interpretação da Lei, cobrando santidade e observância de todos. Jesus entra em conflito com eles porque não se orienta, na sua prática e na sua visão das coisas, pela Lei, mas pela relação de amor, amizade, solidariedade para com as pessoas.

No dia de sábado, tudo para, porque as pessoas só podem andar duzentos passos. Os judeus ainda discutiam quantas colheradas e garfadas dar no sábado. Jesus acabou com tudo dizendo: "Não é o homem feito para o sábado, é o sábado para o homem. Se um burro cai dentro de um poço no sábado, você vai tirar o burro ou deixar o burro morrer?" Quer dizer, é preciso usar o bom-senso das coisas. Jesus descobre que a relação que garante lealdade e fidelidade a Deus não é mais a Lei, e sim, o espírito da Lei, o amor, a amizade, a solidariedade. Esse é o sacrifício que Deus quer.

Especialmente no Evangelho de Marcos, Jesus recupera a tradição profética e pergunta qual a piedade, qual o louvor que agrada a Deus? É ter misericórdia, responde, observar o direito e fazer justiça. Este é o sacrifício verdadeiro. Não é oferecer coisas, mas devolver atitudes de solidariedade para com os outros. O povo está subjugado pela Lei, um jugo pesado. E Ele diz: "Meu jugo é suave, meu fardo é leve". É a espontaneidade da relação de solidariedade, de amor e de amizade que definitivamente contam.

Nesse contexto, qual é a experiência política traduzida pela palavra Reino de Deus, centro da pregação de Jesus? A nossa dificuldade reside na tradução da categoria Reino de Deus de forma espiritualística ou eclesiástica. Mateus, como bom judeu, evita a palavra Deus, por respeito. Em vez de falar Reino de Deus, coloca Reino dos Céus. Mas nós, que não somos judeus, começamos a imaginar que o Reino é coisa dos céus, não daqui. Para Jesus, não. Reino é a política de Deus na sua criação. Isto se torna claro quando faz sua primeira aparição pública na sinagoga de Nazaré e lança o seu programa. Ele toma um texto da tradição, portanto um texto que o povo conhece, de Isaías 61, e lê: "Para isso fui enviado, para fazer os cegos verem, os coxos andarem, os prisioneiros ficarem livres, e realizar o Ano de Graça do Senhor". O Ano de Graça do Senhor era o ano da grande libertação. Quem perdeu as terras, as receberia de volta; quem tinha se tornado escravo, seria libertado; quem tinha dívidas, seria anistiado. E disse: "Isso hoje vai se cumprir". O novo não era o que estava escrito em Isaías. O novo foi Jesus dizer: "Isso eu vou fazer agora, isso se cumpre hoje".

O discurso de Jesus é direto. Todo mundo entende. Ele parte das chagas humanas, dos sofrimentos humanos. Quem está cego quer ver, lógico. Quem está prisioneiro quer estar livre. E Ele diz. "Isso eu vou fazer".

Então, Reino de Deus significa a libertação do ser humano em todas as suas dimensões. Os evangelhos mostram que Jesus liberta da fome, da doença, do perigo da tempestade, manda os ventos pararem, liberta da morte (porque Ele ressuscitou mortos), liberta o ser humano que, diante de Deus, se sente pecador (perdoando pecados). A primeira palavra de Jesus é: "O Reino foi aproximado, acreditem nessa Boa Notícia. Mudem de vida". Não é que o Reino venha, o Reino já veio. Não vamos esperar. Já está aqui no nosso meio. Essa é a novidade de Jesus, que o diferencia da tradição profética que anuncia "o Reino vai chegar".

Depois os apóstolos terão de decidir, especialmente a partir da ressurreição, se alguém com tamanha pretensão é louco ou Filho de Deus. Como não é louco, então é Filho de Deus. É como se eu dissesse: "Gente, eu vim trazer para vocês a salvação eterna. Acreditem em mim que vocês sairão daqui, todos para o céu". Vocês me levariam logo para o hospício. Os hospícios estão cheios de Napoleões, Newtons, Jesus Cristos e profetas. Mas esse foi o discurso de Jesus. Houve pessoas que creram. E nós estamos na mesma crença, por causa do sentido que nos dá.

Como Jesus experimentou Deus dentro dessa realidade de opressão? Experimentou Deus como libertação. Reino é a política de Deus, libertadora, resgatadora da vida, das relações sociais perversas, da natureza, não mais agressiva, que redime todo ser humano.

A experiência de Deus vivida por Jesus não se dá só na realidade como libertação. Ele descobre que Deus mesmo está por trás desse processo de libertação. São João diz muito bem isso: "Meu Pai continua trabalhando até agora, por isso eu também trabalho" (Jo 5,17). A novidade da experiência de Jesus com referência a Deus, herança maior que nos legou, não é o experimentar Deus como Deus dos exércitos, poderoso, nem como o Deus que apenas acompanha o seu povo e o consola. É uma experiência de afetividade, intimidade. De chamar a Deus: Paizinho, Pai de infinita bondade e ternura, Pai próximo, não distante, Pai que não ameaça. Ao descrever como Ele se comporta, Jesus não faz uma teologia sobre o Pai. Mostra como Ele age. O primeiro atributo do Pai é a misericórdia. Misericórdia, em hebraico, significa ter entranhas. Portanto, um Deus-Mãe, próximo ao sofrimento humano, sensível ao grito do oprimido. Que está aqui para, como mãe, enxugar lágrimas, carregar no colo, consolar e dizer: Deus ama a todos. Na versão do Evangelho, "é Ele quem dá o sol e a chuva a bons e maus, justos e injustos", um Pai que "ama os ingratos e maus". E como todos temos a nossa taxa de iniquidade e o nosso lado ingrato e mau, é bom que alguém nos diga: Deus, apesar de toda a tua vida, te ama, apesar de seres ingrato e mau, assim como és. Por isso a atitude de Jesus, que São João (cap. 5) tão bem revela, é de acolher todas as pessoas, quando diz: "Se alguém vem a mim, não o mandarei embora". Poderão as igrejas dizer a mesma coisa? Ou nós? Cada um de nós pode dizer: se alguém vem a mim, não o mando embora?

Jesus vive, portanto, a experiência de Deus, que acolhe, tem misericórdia, é Pai e Mãe. E quem diz Pai, é lógico que se sinta filho. É outra dimensão da experiência: Jesus se sente filho, não como uma criança neuroticamente agarrada ao pai, mas como filho adulto que tem um projeto de Reino, uma estratégia de pregação, enfrenta conflitos, e, portanto, sente-se um Filho consciente de ter sido enviado por este Pai, de realizar uma obra libertadora, sempre vinculada às pessoas humanas e à situação delas.

Porque se sente filho, descobre que o amor a Deus e ao próximo é um só movimento. É um só mandamento de amor. Por isso São João diz tão corretamente na Primeira Carta, cap. 4,19-21: "Se alguém disser que ama a

Deus e odeia o irmão, é mentiroso". Se diz que ama a Deus, que é invisível, como não vai amar o irmão, que é visível? Significa que não há dois amores, um amor a Deus e outro ao próximo. É um só movimento de amor, que engloba, abraça o outro e termina em Deus. E, no fundo, quem tem amor, tem tudo. Por aí passa a salvação. Não são as prédicas sobre o Evangelho que salvam. São as práticas de solidariedade e de amor.

Portanto, Jesus se sente Filho e nos passa a experiência de sermos também filhos e filhas, porque Ele é um irmão nosso. É um ser humano, um judeu, que tem data de nascimento, como está nos evangelhos: nasceu sob César Augusto e morreu sob Pôncio Pilatos. Ou seja, é alguém que carrega nossa natureza humana. Se Ele se sente filho, somos também filhos e filhas no Filho. Por isso, a relação de filho não é de causalidade, Pai e Filho. É de intimidade. Ser filho ou filha é uma relação que pode crescer ou diminuir. Assim como há o filho fugitivo, rebelde, ou desleal, há o filho extremamente afetuoso, próximo ao pai e à mãe. É uma relação parenteral, amorosa, que Ele nos passou. Estamos na casa de Deus, como seus filhos e filhas.

Jesus apresenta uma outra dimensão, por causa do Reino, uma dimensão combativa e militante. O Reino se faz combatendo o antirreino: o legalismo, a corrupção, a mentira, o abuso da religião. Por isso Ele acaba mártir. O martírio é o preço que se paga para realizar o Reino numa realidade de antirreino. Há que enfrentar a maledicência, a perseguição e, finalmente, o assassinato. Jesus foi assassinado. Não morreu na cama, morreu na cruz, de assassinato político. Morreu no auge da vida que ele amava. Não aceitou a morte. A Epístola aos Hebreus afirma que a morte também lhe era ignominiosa. Ele suplicou que Deus o libertasse da morte, mas Deus não o libertou e Jesus teve que ir, penosamente, suando sangue. Um confrade de Frei Betto, grande exegeta, Pierre Benoît, da Escola de Jerusalém, conta que, na última guerra, teve que acompanhar um confrade condenado à morte, na França, pelos nazistas, e prepará-lo à noite para ser fuzilado. O condenado viu-se tomado de tal pavor que suava sangue por todo o corpo. Jesus passou por isso, os evangelhos testemunham. Teve medo de ser preso, de ser torturado. Não quis a cruz. Por isso tiveram que pregá-lo nela.

Apesar disso, Jesus é também um contemplativo. O contemplativo consegue sacramentalizar as coisas. Ver uma flor e ver Deus. Ver os lírios dos campos e ver que Deus cuida deles. Ver os passarinhos e dizer: que extraordinário, os passarinhos, não semeiam nem colhem, e, apesar disso, vivem. É obra de Deus. Jesus utiliza-se até de exemplos da crônica da época para explicar o que é o Reino de Deus. Sabe que alguém fez uma falcatrua ali, administrou mal uma fazenda, retirou dinheiro para si, perdoou dívidas para ficar bem, e diz: "Pois o Reino de Deus é como aquele esperto que soube tirar proveito". Ou aproveita uma crônica da época, que relata ter havido um assalto na calada da noite, toma como exemplo e diz: "Deus vem assim, como um assaltante". Devemos estar preparados! Jesus não é um moralista, que só toma o lado luminoso da vida; toma o lado real da vida, mesmo o sombrio, para dizer como é o Reino de Deus.

O contemplativo consegue fazer essa conexão de realidades com Deus. Jesus se retira para rezar, ter diálogos profundos com Deus. Os evangelhos nunca falam como foi essa dialogação. É um mistério que Ele carregou. Mas podemos entrever um pouco. Quando os apóstolos lhe pediram que os ensinasse a rezar, ensinou-lhes esta extraordinária oração que une os dois grandes impulsos humanos: aquele que sobe, que é o *Pai Nosso*, e aquele que desce, o *Pão Nosso*. Não devemos separar a luta por Deus da luta pelo pão. Elas vêm juntas. Estão unidas na oração de Jesus. Só um místico contemplativo pode fazer essa união.

Jesus foi um homem de fé. Não sou eu quem o diz, é a Epístola aos Hebreus 12,1-2. O cap. 11 descreve o grande exército dos que tiveram fé, desde Abraão. E o que sofreram. Alguns foram presos, outros fugiram para as cavernas, e outros foram torturados. Ao terminar, coloca Jesus como o general da fé que vai à frente desse exército de pessoas, para as confirmar na coragem e na fé. Fé no sentido bíblico, cuja melhor definição talvez seja a de Nietzsche, significa poder dizer amém à realidade. Crer, em hebraico, significa dizer amém, quer dizer: sim, o mundo é bom. Ter essa confiança radical na bondade do mundo, porque Deus é bom. Ter fé é isso. Jesus teve essa fé. Mas uma fé que teve de crescer. Também sofreu a tentação da fé. A Epístola aos Hebreus afirma que Ele foi tentado como nós. Com grandes lágrimas, suplicou a Deus que o libertasse e teve que aprender a ser obediente no sofrimento. Ninguém gosta de obedecer, de entrar no esquema do outro. Ele teve que aprender, também no sofrimento, a obedecer. Isto é, entregar-se na fé, entrar no esquema de Deus. Talvez o momento de maior tentação para Jesus tenha sido na cruz. Ele, que pregou o Reino, prometeu o Reino, acabou na cruz. Daí o grito que a teologia não sabe como interpretar até hoje: "Pai, meu Pai, por que me abandonaste?" Para mim, toda cristologia deve começar com essa frase. Jesus sente-se abandonado, morre. Deus não intervém para salvar o Messias. Apesar disso, Jesus grita: "meu Pai". Tem fé dentro da absoluta escuridão. É essa fé que trouxe a ressurreição de Jesus.

Os desafios da oração: como rezar

Frei Betto

O amor de Deus não é como alguns aprenderam no catecismo: Deus me ama mais porque sou mais puro. Na espiritualidade de Jesus é o inverso. Deus me ama mais porque preciso mais do amor dele. Jesus disse: "Eu não vim para os sãos. Vim para os pecadores. Quem é são não precisa de médico". É a palavra de Jesus. É quando estou na pior que devo me sentir mais acolhido por Deus.

Muitas vezes deixamos de rezar porque temos medo do acolhimento de Deus. Porque este acolhimento, como toda experiência de amor, exige mudança de vida. Muitas vezes enfiamos a oração na gaveta e vamos levando, porque morremos de medo desse encontro. É a nossa liberdade. Deus tem total respeito pela nossa liberdade, inclusive pela liberdade de recusá-lo. Isso não significa que Ele deixe de nos amar. O amor dele é incondicional. O amor é da própria essência divina.

Em geral, as pessoas que participam da pastoral popular encontram espaços de oração comunitária e oração litúrgica. Vamos acentuar mais a questão da oração pessoal, pois nós, cristãos do Ocidente, temos dificuldade de mergulhar mais profundamente, por falta de metodologia e de algumas dicas interessantes nessa linha.

A oração é como a alimentação, ou seja, podemos viver um ou dois dias sem comer, e até sem beber água. Mas chega uma hora em que o corpo não se sustenta, começa a se sentir mais fraco. Isso acontece com a espiritualidade quando não rezamos. A diferença é que o corpo continua funcionando, mas a vida espiritual entra em retrocesso, deixa de aprofundar-se quando não paramos para rezar. Em outras palavras, parar para rezar é tão importante para a espiritualidade quanto parar para comer é importante para sustentar o corpo e o funcionamento da cabeça. Ou como parar para dormir é importante para poder render no dia seguinte.

Por que não nos detemos para rezar? Sejam dez, quinze minutos ou meia hora, a cada três dias, não importa. Não nos detemos, como Jesus fazia, porque vivemos numa cultura dominada pela ideologia neoliberal burguesa, segundo a qual tempo e eficácia estão intimamente associados. *Time is money.* Não sabemos "perder tempo" e toda nossa ocupação do tempo só se justifica se houver algum rendimento. A dificuldade reside justamente nesse problema cultural, porque orar é saber "perder tempo". É não esperar lucrar imediatamente nada.

A Bíblia e os místicos fazem analogia entre a experiência da oração e a do amor humano. Imagine se alguém dissesse à própria filha: "Você já não foi namorar ontem à noite? Por que vai hoje de novo? Vamos combinar. Você vai, conversa bastante com seu namorado, e avisa que só na semana que vem se verão de novo". Essa lógica, que não existe no amor humano, deveria não existir na comunhão com Deus. Mas não se consegue porque somos escravos de uma mentalidade eficiente do tempo, enquanto a oração é pura gratuidade. A oração não se coloca na esfera da necessidade, como o trabalhar, estudar, dormir, comer. Amar está na esfera da gratuidade, e, se não estamos dispostos a "perder tempo", é muito difícil entrar nessa dinâmica.

Quando eu estava encarcerado em Presidente Venceslau (SP), junto com os presos comuns, tive a oportunidade de conhecer um moço que irradiava tamanha alegria que lhe puseram o apelido de Risadinha. Esse prisioneiro tinha 28 anos, estava na cadeia desde os 18, cumprindo pena de 48 anos por dois latrocínios (roubo seguido de assassinato). O Risadinha é um dos místicos que encontrei pela vida. Uma pessoa que tinha um alto grau de experiência de Deus. Havia sido convertido na prisão por um pastor da Assembleia de Deus, na minha opinião, o mais evangélico dentre todos os pastores que frequentavam a penitenciária, incluindo o padre católico. Esse homem introduziu o Risadinha na vida de oração.

Só que o Risadinha, por intuição, por resposta pessoal ao dom de Deus, desenvolveu mais profundamente a experiência da oração, ele que não tinha qualquer elaboração, sequer catequética, do que vivia.

Na minha infância, num clube que eu frequentava em Belo Horizonte, um dia um índio foi nadar. E "deu um banho" em todo mundo, embora não conhecesse nada de técnica de natação. O Risadinha era um pouco como esse índio. Uma pessoa profundamente mística, que nunca tinha ouvido falar em teologia, mística, nada. Curioso conhecer essa experiência em estado bruto, porque eu percebia, pelos frutos, que ele era um místico. Perguntei-lhe como rezava e ele disse: "Olha, Betto, a hora que eu mais gosto aqui na prisão é quando termina o recreio". (A prisão era de segurança máxima, então cada prisioneiro tinha uma cela, e o recreio era das seis às oito da noite.) "Porque eu entro na cela e começo a conversar com Deus. Sabe, cara, de vez em quando olho pela janela, o dia já está amanhecendo, e não notei a noite passar?! E eu não dormi! E no dia seguinte não sinto nenhum cansaço."

Isso é típico da experiência mística. O místico é alguém que tem outra relação com o tempo. O tempo é sempre insuficiente para ele. Estou fazendo uma comparação para mostrar a teoria da relatividade de Einstein em relação ao tempo. Cinco minutos na fila de um banco são cinco séculos; e cinco horas numa festa são cinco minutos. O místico entra numa dinâmica de paixão amorosa tão fértil, tão vibrante, que pode passar a noite inteira em oração e lamenta ter que parar, ter que retomar à cotidianidade.

Como se desenvolve isso? O primeiro caminho é reservar tempo para orar. Se me agendo para almoçar, para dormir, para me reunir, para fazer tal trabalho, tenho que me agendar para rezar, senão vou ficar apenas na vontade. Aprende-se a nadar nadando e na vida espiritual é a mesma coisa. Não há uma receita teórica, há uma prática que ou se desenvolve no dia a dia ou não se desenvolve.

O grande problema do cristianismo ocidental é que ficamos nas elaborações teóricas. Temos bibliotecas, cursos, livros, coleções de místicos. Recomendo a das Paulinas, chamada *Espiritualidade dos pobres*. É uma coleção popular e didática, numa linha de várias experiências místicas, tanto da tradição ocidental quanto da oriental. E chamo a atenção para um livro que não é, aparentemente, fácil, porém, de toda a literatura mística, é um dos meus preferidos. Chama-se *A nuvem do não saber*, escrito por um místico inglês do século XIV, anonimamente. É didático e o conteúdo de sua espiritualidade é muito amoroso, pouco ascético. Há místicos excessivamente ascéticos e que assustam o leitor de hoje.

Outra atitude que ajuda na oração é sempre se fazer acompanhar por uma leitura espiritual. A graça supõe a natureza. Em outras palavras, se não abrirmos os ouvidos, não escutamos a Palavra de Deus. Se não se abrir o coração, não se acolhe a graça. Para que o espírito de Deus possa atuar é preciso que tomemos o "aperitivo", só assim vamos ter apetite para receber a refeição. E o aperitivo é sempre uma leitura espiritual, um texto bíblico, a obra de um místico, algo que nos fale de vida espiritual e oração.

Se alguém juntar duzentos casais no programa da Hebe Camargo e perguntar a cada um "como é a sua relação sexual?", os casais vão contar duzentas experiências diferentes. E todas elas são, no fundo, a mesma coisa. Na oração, isso é válido. Nunca compare vida de oração à experiência de oração, e nunca julgue a experiência de ninguém. Cada um tem a sua. A sua maneira, o seu estilo, próprio da sua personalidade, do seu caráter, do momento que se está vivendo. Por isso há pessoas que se sentem mais orantes rezando o terço, e temos que respeitar, embora eu, por exemplo, possa não sentir nada com o terço. O terço, para alguns, pode parecer uma oração mecânica, mas conheço pessoas para quem é o "aperitivo" a uma vida espiritual mais profunda.

Há pessoas que gostam de rezar ajoelhadas, outras sentadas, o que se justifica, pois a postura física é muito importante para cada um de nós. É como quando alguém dança. Para dançar é necessário música; para rezar, precisa-se de estímulo. Não é a música que dança por você, é você que dança. Portanto, uma vez estimulado, entra-se na vida espiritual. Mas ninguém dança igual ao outro.

Embora a música seja a mesma, cada um dança de modo diferente. Conheço pessoas que, não tendo espaço para se recolher onde moram, descem dois ou três pontos de ônibus antes e rezam nesse percurso até a casa. Gostam de rezar andando, e é um momento em que estão só consigo mesmas e com Deus. Outros gostam de entrar numa igreja.

Há um fato curioso. Em nenhuma tradição mística que estudei recomenda-se rezar deitado. Algumas até condenam. São João da Cruz fala claro: "Não venha com essa história de que você está rezando deitado, porque isso é pura sonolência".

Segundo a tradição hinduísta, a coluna é o nosso para-raios; é ela que capta a energia divina, portanto, tem de estar voltada para o céu. Por isso, você pode rezar sentado, de joelhos, em pé e, sobretudo, na posição de lótus, isto é, com as pernas cruzadas e os dedos abertos. Diz a sabedoria oriental que esta é a melhor posição. Alguns médicos chegaram a uma conclusão interessante: constataram que a circulação do sangue da cintura para baixo é reduzida e, portanto, aumenta o fluxo sanguíneo da cintura para cima e, principalmente, no cérebro. O cérebro mais irrigado deixa a pessoa mais desperta.

Uma outra dica é estar atento à própria respiração, no ônibus, na reunião, no trabalho, não importa onde. Não é dirigir a respiração com a mente, é prestar atenção ao fluxo de inspiração e expiração. Isso traz imediatamente dois bons resultados: primeiro, a concentração da mente; segundo, a oxigenação do cérebro. Quando estamos tensos, retemos a respiração, o que provoca o enrijecimento dos músculos e a desoxigenação do cérebro. Em consequência, o acúmulo de gás carbônico no cérebro provoca um estado de preguiça mental e sonolência. Nada melhor para distender-se do que respirar profundamente. Prestar atenção à respiração é, de fato, muito importante.

Também é preciso dizer não a tudo aquilo que nos desarmoniza, varia muito de pessoa para pessoa, de momento para momento. Por exemplo, posso sentir, à mesa, uma grande ansiedade diante de carne ou doce, que pode me fazer querer o melhor pedaço. É preciso dizer não. Na hora vai ser difícil, mas poder dizê-lo recompõe a nossa harmonia, gera uma enorme alegria interior. Em geral, chega-se em casa, liga-se o rádio e a televisão. Não o faça. Fique em silêncio. Jejue o ouvido, a vista, o paladar. São formas de restaurar a nossa harmonia interior e de recuperar as nossas "janelas", que são os sentidos. Há pessoas que fazem jejum uma vez por semana. Além de ser excelente para a saúde, porque limpa as toxinas, é fator de autocontrole sobre os próprios sentidos. Passar um dia só com o café da manhã, ou só tomando suco ou água, e não comer nada, é uma questão de hábito. Tudo isso, na primeira vez, parece estranho, parece uma violência, porque o corpo grita, reclama, faz "passeata" por aquilo que lhe apetece.

Um outro fator é o controle da mente. O grande místico nunca se preocupa. Jung analisou a psicologia do místico e concluiu que a pessoa que atingiu a alta maturidade psicológica é sempre um místico. Não há ninguém na face da Terra mais maduro psicologicamente do que o místico. Não significa que não tenha suas loucuras. Mas é uma pessoa totalmente harmonizada por dentro. Jung observou que o místico é aquele que não tem nostalgia do passado e muito menos ansiedade diante do futuro.

O zen-budismo trabalha isso de maneira curiosa: se alguém tem um problema, deve fazer um acordo consigo mesmo. Deus vai cuidar de 50% do problema, e os outros 50% o tempo vai resolver. Todos os problemas são resolvidos pelo tempo e todos podem ser cuidados por Deus. Portanto, nunca se preocupe, ocupe-se. A nossa mente, como dizia Teresa de Ávila, é a louca da casa. Pela mente entram todas as energias negativas: o ressentimento, a vingança, a inveja, a mania de julgar os outros, a vontade de se comparar aos outros. A experiência mística requer o controle da mente. Há infinitos métodos. Vou citar dois ou três.

Em primeiro lugar, o mantra, subjetivo e objetivo. O mantra objetivo consiste em olhar para um ponto fixo, uma figura geométrica, e ficar concentrado nela, para domesticar a mente. O mantra subjetivo é passar o dia recitando um versículo do Evangelho, dizendo a palavra "Jesus", ou pensando o seguinte: o que faria Jesus se estivesse na minha situação?

Outro fator disciplinador da mente consiste em limpá-la completamente de imagens. Todos os místicos, cristãos e não cristãos, recomendam: devemos falar com Deus o suficiente para nos predispor a escutá-lo. O ideal é pararmos num lugar de olhos fechados e limparmos a mente de toda imagem, de todo pensamento, de toda memória, de toda fantasia. Como se faz isso? Fazendo. Não que as imagens não venham. Elas vêm, mas deixamos que passem como nuvens num céu azul. Imagine sua mente inteiramente vazia e branca. Você dirá que conseguiu ficar meia hora assim e não sentiu nada. Maravilha! É justamente esse o bom caminho, pois não rezamos para "sentir alguma coisa" e sim para deixar a divindade nos impregnar. Às vezes, temos sensações muito boas, que não são provocadas nem pela mente nem pelas emoções ou sentimentos. Nem sempre são fruto da oração. Não rezamos para sentir isso, mas para dilatar a fé e a capacidade de amar. Esse é o fruto e a finalidade da oração do cristão.

O budista reza para se livrar da dor e para manter-se impassível diante da conflitividade e dos problemas. Nós, cristãos, rezamos para dilatar a fé e a capacidade de amar. É importante o silêncio interior, mas se alguém trabalha em uma montadora em São Bernardo do Campo, numa funilaria, numa sapataria, num bar, enfim, num lugar onde haja barulhos e ruídos, o que fazer?

Diante disso há duas tradições. Uma, que não aprecio, muito comum nos retiros católicos, é a de tentar se abstrair dos ruídos exteriores. Outra, é a de nunca se abstrair deles quando fechar os olhos, pois vai passar boa parte do seu tempo lutando e não conseguirá eliminá-los. Quem mora num bairro ou num prédio com barulho de criança, latido de cachorro, buzina de automóvel, como faz para meditar? Há o método do zen-budismo. Fechar os olhos, concentrar-se, procurar o vazio, e receber todo ruído que escutar como sinal de Deus na vida do Universo, mas não se apegar a ele. Deixar que passe por você, mas não se fixar nele. É muito interessante esse exercício. Consegue-se meditar em qualquer circunstância, até no Morumbi em dia de jogo do São Paulo e Corinthians.

É importante, também, sempre procurar deter as ansiedades. Cada um de nós conhece as próprias ansiedades. Elas são as ladeiras pelas quais todo nosso propósito espiritual vai para o brejo. Variam de pessoa para pessoa, de época para época.

O zen-budismo tem um método de concentração muito interessante, que é fazer cada coisa com o máximo de atenção nos detalhes. Para o zen-budista, pegar um copo d'água é uma liturgia, um rito: pôr a água, sentir a água, levar o copo à boca, sorver a água... Tudo isso é cheio de significado, de cuidado, e nos faz ter outra relação com a vida.

Quando se está ansioso em relação ao tempo, não se consegue parar para rezar. São João da Cruz tem uma frase genial: "Devemos ser diante do trabalho como a cortiça na água". A água jamais consegue submergir a cortiça, ela está sempre flutuando. Em outras palavras: nunca devemos deixar que o trabalho nos sufoque. O que ganhamos em 15 minutos de oração é muito superior em termos de qualidade humana, inclusive de domínio da ansiedade no trabalho.

São pequenas dicas presentes na espiritualidade de Jesus, que, mesmo sendo um militante, sempre encontrava tempo para orar e estar a sós.

Ao estudar as nove maneiras de são Domingos rezar, descobri que nenhuma delas é comunitária. Sou de uma família religiosa que valoriza a oração comunitária. Ela é pobre quando não se alimenta da oração pessoal, da mesma forma que esta se alimenta da liturgia da oração comunitária, e também (a exemplo da espiritualidade de Jesus) da luta pela justiça, do engajamento com os pobres, do projeto do Reino. O compromisso objetivo de mudar esse mundo faz com que abracemos a exigência de mudarmos a nós mesmos, com uma clareza típica da espiritualidade cristã: o mérito é sempre de Deus. Não espere que a oração o leve ao primeiro grau de santidade. Não rezamos para deixar de pecar, ou para nos sentirmos melhores do que os outros. Rezamos para nos sentirmos tão amados por Deus que fica mais difícil sermos infiéis ao projeto dele. Vamos ter contradições, limitações, neuroses, loucuras, pecados, porém sem os dualismos ou culpas que temos quando não fazemos a experiência de Deus que nos ama assim como somos. Não rezamos para ser maiores nem menores do que somos, mas para ser do tamanho que Deus nos fez. O místico é alguém que apreende o seu próprio tamanho, a sua verdadeira identidade diante de Deus. E não vale a ideia de que o místico é alguém que já está em êxtase, nem precisa pisar no chão. Isso tudo é fantasia, folclore religioso.

Na experiência cristã, São Paulo aparece como extremamente machista, vaidoso, pretensioso. "Eu não convivi com Jesus, mas sou o maior dos apóstolos. Ninguém combateu como eu combati..."; mas a graça estava lá. Havia espaço para a graça. Portanto, precisamos tomar muito cuidado para não ficar falando "esse sujeito reza muito, mas é cheio de contradições..." A questão é abrir espaços para realizar a nossa vocação mais íntima e universal, que é a comunhão com o Pai, o Filho e o Espírito Santo.

Buscar e desenvolver a centralidade

Leonardo Boff

Cada um descobre os seus caminhos de interioridade e de oração. Quero chamar a atenção para um ponto que me parece importante, e que é, digamos, a aura, a partir de onde brilha a estrela, isto é, nasce o espírito de oração. A estrela só brilha se tem aura. A oração só será verdadeira quando conseguirmos, previamente à oração, identificar o nosso próprio centro. Caso contrário, a oração se tornará uma coletânea de atos que pratico. A questão não é transformar a oração em atos, mas que ela se transforme numa atitude de base a partir do centro de nós mesmos. Para nós é muito difícil, porque nossa cultura não nos ajuda nisso, ela é dispersiva, procura colonizar e lotear todos os nossos sentidos e ocupá-los continuamente. Então, temos que lutar contra nós mesmos para podermos chegar a nós mesmos e constituir e desenvolver o nosso centro.

Há um exercício importante, que nos mete medo, a que os orientais chamam "fazer jejum do coração". Você se coloca numa sala, não escuta música, não quer ver paisagem, não abre um livro, não vê um quadro na parede, não lê, procura renunciar a todos os seus pensamentos e fantasias. Depois de cinco minutos você não se aguenta mais. Esse não fazer, esse jejum do coração como o zen-budismo chama, permite o emergir da nossa própria natureza, do que somos. É um exercício muito complicado inicialmente, mas o efeito é compensador. Emerge o nosso centro. Quando deixamos de fazer qualquer coisa, temos de trabalhar aquilo que vem de dentro: emoções, raivas, ideias, sentimentos, paixões. Criar o centro significa "satelitizar" tudo isso ao redor do meu eu mais fundo. Quando falamos eu, nos referimos ao ponto de convergência de tudo que vejo, escuto, sinto, penso... Na verdade, não é o olho que vê. Sou eu que vejo. Não é a mão que pega, sou eu que pego.

Ao buscarmos essa centralidade, parece, no início, que não descobrimos centro algum. Dependo de uma música, uma voz, um rádio, uma televisão, um jornal. Meu centro está colocado fora. Vivo uma profunda distração, borboleteando de um lugar para outro. Ao nos propormos não fazer coisas, não nos ocupar de outras coisas a não ser de nós mesmos, começamos a criar o centro.

Não acredito em nenhuma oração que seja realmente um encontro com Deus sem a descoberta do centro, sem que saibamos escutar a nós mesmos. Só escutaremos Deus se, antes e simultaneamente, escutarmos a nós mesmos. Sem isto, Deus pode falar quanto queira, não o captamos. Ou, então, fazemos um ato de fé, acreditamos que Deus fala, e vivemos sempre captando "vozes" de Deus por aí. Até que um dia nos cansamos e dizemos: coisa nenhuma, Deus não fala, está em silêncio, já morreu. A Bíblia também revela experiências assim. O ser humano tem que se afinar para entender Deus. Ele não vem, como diz o texto bíblico, como um furacão ou um raio que todo mundo vê. Vem na brisa, leve, e só os atentos escutam. Ele não tem vozes, Ele é uma voz.

Uma pequena história ocorrida no Japão ilustra essa escuta atenta. Uma grande multinacional da comunicação procurava alguém que dominasse os vários códigos, desde a radiofonia antiga, o código Morse, até os mais modernos. Havia uma fila enorme, cinquenta, sessenta pessoas, esperando para fazer o teste. E a companhia, muito espertamente, lançou sinais em código que significavam: "Abra a porta e entre". Todo mundo continuou esperando. Estava marcado para começar às oito, mas já eram nove horas, dez horas, e não haviam aberto, até que, às onze, chegou um candidato atento, escutou aqueles sinais, foi lá, abriu e entrou. Só ele foi contratado. Os demais foram embora. Porque só ele tinha ouvido. Esse, que dominou a técnica antiga do Morse, certamente vai dominar a técnica mais sofisticada em informatização. Deus é mais ou menos assim. Está tocando em Morse, mas queremos pegar o último computador de quinta geração, que já diz tudo. Ele não vem assim. Vem na linguagem da atenção.

Como diz um pré-socrático, Heráclito, se você não presta atenção ao inesperado, quando ele acontece você não o percebe. O inesperado é, por natureza, inesperado. Por isso, esperemos o inesperado com atenção.

Vamos fazer o exercício de captar o nosso centro. Ajuda-nos a respiração ritmada. A mente começa pelo pé esquerdo, sobe pelas juntas, e vai tomando conta de todo o nosso organismo, atravessando-o na ida e na volta. Assim, vamos criando uma harmonização, uma energização de toda a nossa realidade. Há o risco de se dormir nesse exercício, é muito frequente, porque todo o nosso organismo entra no ritmo do universo. Ele se expressa pelo OM, o som dos místicos da Índia. É fá sustenido. Se você escuta o riacho cantar ou o farfalhar das árvores é aquele OM. É o som da natureza, das águas, do vento, das plantas. Os iogues treinam esse OM para entrar em sintonia com as energias cósmicas. Porque respirar não é respirar o oxigênio, é respirar a totalidade das energias que estão circulando, que você recebe e devolve. Até você vibrar com o todo. Então, você está no seu centro, lá onde o Pai está gerando o Filho na força do Espírito. A circulação dos três. A energia que passa de um a outro, a convergência dos três, a vida e o amor com que se doam como se fossem uma enorme fonte de três jatos contínuos, eternamente projetando energia divina e convergindo. Esse é o centro do centro: Deus-Trindade.

Quem consegue essa harmonização goza de profunda serenidade e produz irradiação. Porque sateliza tudo ao redor desse centro e consegue a pacificação (ação que cria paz). Acontece, então, o diálogo com Deus, isto é, com o nosso eu mais profundo e com o Mistério que o habita. Nesse momento, a oração fica como uma espécie de respiração. Não é penosa, não é um esforço da mente, de falar sobre Deus, de dizer coisas a Deus. Ela flui, até pela alegria, pelo choro, pelo lamento diante de Deus por causa da demasiada agrura do mundo. Ação de graças. As várias formas de oração revelam as várias situações, as várias estações da caminhada que o ser humano faz. E transforma tudo em matéria para encontro com Deus. Não é sem razão que os salmos são o texto de referência de oração de todo o Ocidente, das várias famílias espirituais, porque neles se encontram todas as situações humanas, desde o homem Adão, pervertido, pecador, que chora arrependido, até o homem novo redimido, que entra em sintonia com a grande sinfonia universal e canta com o universo. O céu já canta a Deus e eu me associo ao canto cósmico. Não uso o mundo para cantar a Deus, o mundo canta, eu entro cantando junto.

Portanto, devemos criar esse centro a partir da estratégia do não fazer; contra a nossa cultura, os nossos hábitos espirituais, para deixar aparecer o nosso eu verdadeiro, com todas as suas contradições, negações, perversidades, mas também com suas potencialidades, sua dimensão de luz. Até que, nesse eu, as luzes e as sombras fiquem planetizadas, como os planetas ao redor do Sol. Alguns fazem o périplo em forma de círculo; outros, em forma de parábola; outros ainda vão muito mais longe, depois voltam para perto do Sol. Mas todos são atraídos pelo Sol, suspensos no imenso equilíbrio cósmico. A psique também tem seu centro, ao redor do qual estão nossas passionalidades, sempre ambíguas, positivas e negativas. São os demônios que moram em nós, junto com os anjos bons. Os demônios também têm a sua função. Não podemos negar a nossa dimensão de sombra, de pequenez, de raiva, de vingança, e de todo o universo de perversidades que está em nós e que recolhe a história do Adão e da Eva humanos, do velho Adão, como também do novo Adão que está em nós, na sua luminosidade, na sua capacidade de ser solidário, amoroso, terno. Tudo isso é vida. Tudo isso é humanidade.

Não queremos só metade da nossa humanidade, pois quem quer a metade transforma-se facilmente num fariseu, só quer as virtudes e não reconhece os vícios. A parábola de Jesus, do fariseu e do publicano é ilustrativa. O fariseu enumera todas as virtudes, e o que diz não é mentira: dá esmolas, jejua, reza etc. Mas ele não está agradando porque não é inteiro, oculta a dimensão de pecador. O outro, o publicano, lá atrás, diz que é pecador... e é verdade. Ele reconhece o que mais nos repugna reconhecer, que é a nossa dimensão de sombras. E reza com tudo isso. Ele agrada.

Freud fez toda uma análise desse fenômeno: junto à dimensão de Eros, de vida e de luz, importa reconhecermos a nossa dimensão de Thanatos, de morte, de sombras. Se não integramos a dimensão Thanatos, não seremos maduros psicanaliticamente, ainda não realizaremos nossa individuação. Temos que realizar as duas dimensões; quando as realizarmos e centralizarmos no nosso Eu, teremos, como fruto, a liberdade interior, que é o maior dom de Deus. Podem falar mal de nós, caluniar-nos. Estamos livres por dentro. Amamos a nós mesmos, amamos a nossa natureza e não a nossa imagem.

A maioria de nós ama apenas a própria imagem. Isso é narcisismo. Amar a si mesmo significa amar sua natureza ambígua e, assim, aceitar-se plenamente. A partir daí, vamos criando essa atitude de oração que nos coloca inteiros diante de Deus. Essa oração é uma espécie de respiração, pois inspiramos e expiramos Deus. Então, não só aquele momento é de oração, mas a vida inteira pode sê-lo: no carro, no ônibus, no trabalho, em casa, onde quer que seja. Não precisamos neurotizar-nos com "agora vou ter de rezar". A oração está inserida dentro da vida e Deus vem misturado com todas as coisas.

Quando começamos a fazer a experiência de oração, de meditação, de solidão, há duas reações muito comuns. A primeira é uma tremenda aridez espiritual, a sensação de perda de fé, um deserto espiritual tão profundo que há gente que, nessa fase, abandona a religião, a fé, a oração.

Pensa que virou ateu mesmo. Porém, isso é um sinal muito positivo, porque indica a mudança da qualidade da nossa fé. Os budistas têm uma imagem muito bonita: quando entramos na vida de oração, estamos atravessando um rio. Durante muito tempo, ainda conseguimos olhar para a margem que deixamos, mas ainda não vemos a margem à qual vamos chegar. Porém, há um momento do percurso em que não vemos nem a margem que deixamos, nem a margem a que queremos chegar. É terrível, porque temos a sensação de completo abandono. Então é preciso ter paciência em Deus e, de repente, começar a vislumbrar a nova qualidade de vida espiritual, a nova qualidade de fé.

Essa fase de aridez espiritual é muito positiva, embora seja dura. Porque às vezes ficamos cinco minutos tentando concentrar-nos e eles pesam como se fossem cinco horas.

A segunda reação é o estado de exaltação apaixonada. É como se Deus resolvesse fazer uma espécie de grande aperitivo para se ter ideia do que vamos encontrar no fim. Ele como que antecipa um estado de felicidade, de exuberância, de irradiação, e, às vezes, ficamos meia hora rezando e achamos que foi pouco. Também precisamos tomar cuidado com esse estado, para não confundi-lo com a oração: ele é só fruto e não a oração mesma. Como quem diz: "Agora já não estou sentindo aquela vibração, não quero mais rezar".

São reações normais da nossa sensibilidade espiritual, com reflexos na nossa sensibilidade orgânica.

A contribuição da mística oriental

Leonardo Boff

Interessam-nos o zen-budismo e as tradições espirituais do Oriente. Com isso, não queremos embaralhar as nossas próprias tradições ocidentais. Não somos orientais, somos ocidentais. Mas tanto os orientais como os ocidentais são humanos. Tanto o caminho deles como o nosso têm sábias lições a dar. Como também a mística das populações originárias da América Latina, mística cósmica dos aimaras e quéchuas, na Bolívia, no altiplano andino, ou na Amazônia. É toda essa relação sagrada com a terra, profundamente ecológica, que precisamos incorporar à nossa experiência de Deus e de oração.

Temos citado Chuang-Tzu, Lao-tsé, e feito referências ao zen-budismo. Não é uma referência histórica exterior. Não queremos virar orientais. Quando como comida chinesa, não viro chinês. Ou quando vocês comem churrasco, não viram gaúchos ou argentinos. São cozinhas humanas e podemos aprender deles, porque há uma comunicação entre eles e nós. Lemos textos de Platão, de

Aristóteles e de Homero, e aprendemos. Lemos os textos dos maias, seus mitos da criação, a sabedoria asteca, e aprendemos. Como somos humanos e eles também, há potencialidades em nós que se afinam com as deles, a partir do mesmo substrato biossocioantropológico. Devemos pensar hermeneuticamente para superar uma visão exteriorista e apenas historicista, para despertar a dimensão zen de cada um. Só que o chinês e o japonês desenvolveram melhor do que nós essa dimensão zen-humana, tornando-se pontos de referência.

Por nossa parte, entramos mais na mística teológica da meditação trinitária, que é uma questão dos ocidentais. Um oriental pode dizer: "Desenvolvo em mim a dimensão ocidental que está em mim, apesar de eu ser um oriental".

Então, devemos considerar os diferentes caminhos espirituais não como opostos, mas como complementares. Eles nos ajudam a descobrir a riqueza da nossa dimensão espiritual. E cada um deve descobrir o seu caminho.

Em função disso, aconselharia dois textos que ajudam a entender a dimensão zen da nossa vida. Um, de Suzuki, um grande místico japonês moderno já morto, que era muito amigo de Thomas Merton. Suzuki entendia também a mística ocidental, sendo especialista no Mestre Eckhart, que ele conhecia profundamente. Via sintonia entre o caminho do despojamento e da disponibilidade, de Eckhart, e o caminho do zen. Há dois ou três livros de Suzuki, um deles intitulado *Introdução ao zen.*

O zen e as aves de rapina (Cultrix), de Thomas Merton, é um diálogo com a tradição oriental sobre o zen, sobre a busca do deserto como caminho para o reencontro do paraíso. Nessa obra, ele mostra em que medida nós, cristãos, que viemos de outra tradição espiritual, também aprendemos e sintonizamos com o zen.

A atitude zen, a que já nos referimos antes, é captar sempre a experiência originária, naquilo que digo, falo e faço. Captar o que está por trás. Ao fazê-lo, desenvolvemos em nós a dimensão zen.

O amor é o fruto da mística

Frei Betto

Com todo respeito que temos pela tradição cristã ocidental, considero, de um lado, pobreza ignorarmos a riqueza da tradição oriental e, de outro, um bom espírito ecumênico procurarmos aquilo que de positivo há na tradição oriental. Desconfio que alguns místicos ocidentais, como são João da Cruz, andaram lendo clandestinamente místicos orientais. A exegese que João da Cruz adota nos textos místicos chega a ser ridícula, porque se vê que ele construiu o texto e, depois, para se livrar da Inquisição, teve que enfiar ali os versículos bíblicos para justificar o que estava afirmando. Soa meio engraçado, porque, muitas vezes, a frase bíblica tipo "Moisés foi cercado pela nuvem" não tem nada a ver com aquilo que ele começou a descrever como "a nuvem escura na qual a alma penetra para chegar à divindade". Ele faz associações meio forçadas. A Inquisição desconfiava de quem buscasse algo fora da fonte cristã ou grega. A grega era tolerável, embora lançasse sobre quem a usava suspeitas de estar se deixando influenciar por correntes heréticas.

Certamente, os orientais têm mais experiência espiritual do que nós, têm uma cultura contemplativa que não temos. Estamos inclusive caminhando para uma cultura que é o inverso da cultura contemplativa, o que é extremamente perigoso. Estamos entrando numa cultura de perda dos valores, onde a única referência é o consumismo. O valor está naquilo que consumo, está na grife dos objetos que possuo. Quem não possui objetos com grife, não tem valor. É terrível esse processo acelerado de desagregação ontológica do ser humano como mistério. Exemplo maior são os Estados Unidos, o país do planeta onde há maior consumo de álcool e drogas, e também o maior nível de consumismo. No entanto, a infelicidade, o vazio, enfim, a desagregação da condição humana, são notórios.

Durante um período da minha vida nutri-me nos escritos de Charles de Foucauld, e confesso que houve uma fase em que eu tinha preconceito em relação à falta de dimensão apostólica nele. Hoje, tenho supremo respeito por qualquer experiência espiritual, mesmo que haja dificuldade de entendê-la. Não aceito mais uma experiência-modelo. Nem a minha, nem a do outro. Portanto, não nego o valor das monjas contemplativas. E não nego o valor dos irmãozinhos de Foucauld na sua convivência com os pobres, sem nenhuma dimensão apostólica, a não ser o testemunho, que é muito vivo e forte. Não nego o valor dos cartuxos que, no Brasil, instalaram-se na diocese de Santa Maria, no Rio Grande do Sul, e não admitem sequer receber visitas. Só pode entrar numa cartuxa quem é candidato a cartuxo. Cada cartuxo vive na sua cela, com sua horta, completamente isolado, entregue somente à oração. Isso pode parecer muito louco para nossa cabeça, mas respeito. Eles não são mais santos do que os santos que conheci no ABC. Um deles é um místico, o Chicão, companheiro nosso, que vive desempregado e cuida de crianças. Ele tem uma força divina avassaladora, da qual, talvez, nem tenha consciência.

Também não tenho preconceitos em relação às vertentes pentecostal e carismática, que, aliás, coincidem em muitos aspectos. O meu problema está na intencionalidade como conteúdo dessa experiência espiritual e no resultado político. Estou convencido de que, para Jesus, a experiência da fé tem necessariamente uma ressonância política. Todos nós, cristãos, somos, inevitavelmente, discípulos de um prisioneiro político. Jesus não morreu de desastre de camelo numa rua de Jerusalém nem de hepatite na cama. Morreu assassinado pela pena de morte do seu tempo. (Até é um bom argumento contra a pena de morte; se não existisse, Jesus não teria morrido na cruz.) O problema está no solipsismo espiritual, quando o sujeito começa a achar que é melhor que os outros porque fala línguas desconhecidas...

Não adianta falar línguas. O próprio são Paulo na *Primeira Carta aos Coríntios*, capítulo 13, quando ressalta esse aspecto, diz: "Ainda que eu tivesse a fé capaz de remover montanhas, ainda que eu falasse a língua dos anjos, se não tivesse o amor, eu seria como o címbalo que retine e o bronze que soa... e isso de nada me adiantaria".

O amor instaura a justiça

Frei Betto

O amor de Jesus não era o amor burguês, esse sentimento de bem-querer a quem me quer bem. Para o Evangelho, o amor não é um sentimento, ele instaura justiça. O Deus de amor é aquele que instaura justiça. Isso está claro no batismo de Jesus. O *Evangelho de Lucas* relata que João Batista percorria a região do rio Jordão, pregando um batismo de conversão para o perdão dos pecados. E quando as pessoas que se preparavam para ser batizadas lhe perguntavam "o que devemos fazer?", João Batista respondia: "Quem tiver duas túnicas, dê uma a quem não tem. E quem tiver um prato de comida, reparta com quem não tem".

Quando perguntaram a Jesus quem entrará no Reino, ouviram dele: "Eu tive fome e me destes de comer, tive sede e me destes de beber". Exige a ação de justiça. Recordemos também a crítica irônica que faz à *Carta de Tiago*: "Você tem fé, e daí? Os demônios também têm. O que importa são as obras. Eu quero saber o que é que você faz por seu irmão que está com frio, com fome, largado". Essa é a característica do amor cristão: instaurar justiça.

A vida espiritual está sujeita a muitos desvios. Isso tanto na tradição, como na nossa experiência pessoal. Precisamos estar muito atentos para a transparência da justiça. Acho um crime o que certas Igrejas pentecostais fazem na América Latina, sacralizando a abnegação dos pobres oprimidos sob a promessa de que vão gozar de uma mansão no Céu. Colocam toda a perspectiva da salvação numa linha verticalista imediata, quando a salvação bíblica é horizontal, tem direção na história humana. Em nenhum momento a salvação bíblica é um elevador direto para o Céu, num processo de desencarnação. Ela é encarnada na história. O cristão não é aquele que olha para cima, mas aquele que olha para a frente. Quando a Bíblia cita: "o Deus de Abraão, de Isaac e de Jacó", refere-se ao "Deus da história". É como se disséssemos: O Deus de Chico Mendes, o Deus do padre Henrique Pereira Neto, o Deus do Santo Dias. É esse o Deus no qual eu creio. Um Deus que já tem um currículo de luta pela justiça.

Efeitos da mística

Frei Betto

Ler literatura mística é como comer fruta. É preciso distinguir a casca do sumo. Tem gente que pega o livro de literatura mística e quer engolir a casca do abacaxi junto com a polpa ou a casca da laranja junto com o sumo. Cada pessoa é capaz de saber o que, para ela, é casca e o que é sumo. É preciso ter esse espírito crítico. Há quem diga que leu o *Bhagavad Gita* e achou muita bobagem lá. Acontece que há coisas que são próprias da mentalidade e da cultura daquela época. Possivelmente, no futuro, vão achar bobagens coisas que estamos valorizando hoje. Então, é preciso perceber o que é casca e o que é sumo.

Quero citar os critérios do hinduísmo para saber se estamos no bom caminho. Isso acontece quando: "Não sentimos ódio nem inveja; não gostamos de comentar a vida alheia; controlamos nossa vida sexual; não sentimos prazer em procurar o defeito dos outros; somos rigorosos com nós mesmos, autocríticos e indulgentes para com os outros; não somos prisioneiros de hábitos nocivos nem capazes de fazer mal, mesmo àqueles que são inimigos; somos calmos, senhores de nós mesmos, sempre de bom humor apesar dos problemas que nos cercam; polidos, corteses, gentis e firmes de caráter; quando aceitamos resignadamente a morte de um ser querido; somos indiferentes à opinião do mundo; cumprimos com os deveres no espírito de desapego; somos tolerantes e humildes; e quando somos sempre fator de paz e harmonia e estamos continuamente centrados em Deus".

Cuidados com os desvios

Leonardo Boff

No âmbito das experiências espirituais e místicas, como se trabalha muito com a subjetividade profunda e com arquétipos ancestrais, há risco de desvios. Quem lê a literatura dos místicos, como São João da Cruz ou Santa Teresa, percebe que o seu discurso mais duro é contra as sensações espirituais. Criticam aquele que diz que teve audições e visões. Mestre Eckhart afirma que é falso homem espiritual quem está a toda hora tendo visões, porque não vive uma experiência global da existência, mas uma sensação que é sempre parcial. Devemos distinguir entre vivência e experiência. Vivência é algo que se pode produzir até quimicamente. Por que tantos recorrem à droga? Porque a química produz uma viagem, uma sensação de onipotência, de energia. Depois, quando caem "na real", descobrem-se miseráveis, não aguentam o cotidiano, voltam à droga para se sentir onipotentes e ter sensações. Experiência é algo muito mais complexo, globalizante, ligado à caminhada espiritual, ao esforço de crescer, lutar contra si mesmo, purificar-se. E quando a pessoa caminha espiritualmente, não tem mais retorno.

(Quando se pede a refeição no restaurante, primeiro chega o *couvert*. Porém, isso é só a entrada, não a refeição principal, o prato forte. Muitas vezes ficamos só com o *couvert*, comendo entradas, e achando que isso é o caminho espiritual. Não é.)

Quando acertei, junto com o Betto, escrever sobre esse tema, fiquei muito temeroso. Primeiro, porque é um campo onde devemos mais calar do que falar. Segundo (não quero decepcionar, pois vou dizer o que sei, um pouco de mim mesmo e do que aprendi, também, pelas leituras), porque é um campo muito difícil e complexo. Extremamente doloroso porque expressamos, com receio e vergonha, algo de nossa vida. Não se enganem. O caminho para dentro de si é extremamente doloroso. Às vezes leva às raias do desespero, às lágrimas e decepções. Mas quem não faz esta travessia nunca chega a lugar algum no caminho espiritual.

Todos dizem: temos que atravessar o deserto. Thomas Merton, no livro *O zen e as aves de rapina* (São Paulo: Cultrix), publica um estudo sobre o deserto dos anacoretas e cenobitas, que se enfurnavam no deserto do Egito e da Síria. Eles não iam só ao deserto físico, mas também ao deserto espiritual e interior, mais perigoso que o físico, cheio de escorpiões e leões.

Tomemos o exemplo de São Francisco. Ele só teve a sua transfiguração e cantou o *Cântico do irmão sol* e pôde chamar a todos de irmãos e irmãs depois de muita penitência, muita laceração. Porque os olhos estão com cataratas, com escamas, precisam ser purificados. Por isso, o São Francisco real nada tem a ver com o São Francisco de Zeffirelli, de *Irmão sol, irmã lua.* É fantástico, trabalha a significação cultural do santo, mas sua personagem não tem nada a ver com o São Francisco real.

Quantos jovens, depois de verem aquele filme, vieram falar comigo, dizendo que queriam ser frades, como São Francisco. Eu lhes perguntava se eram capazes de enfrentar o sofrimento, a tentação, a busca de justiça, a solidão, a dor, a dificuldade e a amargura. Respondiam que disso não queriam saber, mas queriam ser como São Francisco, de *Irmão sol, irmã lua.* Então, meu irmãozinho, eu aconselhava, fique onde está. Não entre por esse caminho, porque você só vai ver o mundo transfigurado e cantar todas as criaturas como irmãos e irmãs de verdade depois desse tirocínio em que se purificam os olhos e se limpa o coração para sentir as coisas de fato como fraternas e sororais.

Preparem-se para grandes dificuldades, mas também para o prêmio disso, que os orientais chamam Satori, a iluminação, e nós chamamos liberdade interior. O encontro prazeroso com Deus depois de vê-lo crucificado.

O mistério cristão é o mistério da Sexta-feira Santa e da Ressurreição. Não há Ressurreição sem Sexta-feira Santa. É bom que nos preocupemos com isso, que abramos as portas, que não fiquemos no *couvert*, nas entradas, nas sensações, mas vivamos as experiências. Há muita literatura sobre a mística hoje, mas vale como entrada. Temos de abrir nós mesmos nosso caminho.

A vida, a melhor escola

Leonardo Boff

Toda nossa vida é um processo de autoconhecimento. Ela não se dá apenas na exterioridade do trabalho, das ocupações, da convivência, mas também no seu rosto voltado para dentro, no universo interior, tão grande como o exterior.

Na verdade, vivemos para aprender, mas não só aprender intelectualmente. Aprendemos ao experimentar a nós mesmos. Por isso a escola maior é a vida. Onde estudaram Freud e Jung? Analisando-se a si mesmos. Como os psicanalistas sabem das coisas? Autoanalisando-se.

Por força de coordenar, com outros, as traduções das obras de Jung, fiquei amigo da sua família, em Zurique. Perguntei aos seus filhos, certa feita, por que tendo tido como pai um mestre universal, um extraordinário psicanalista, nenhum deles fizera psicanálise para herdar a sabedoria paterna. Eles disseram: "Nosso pai não nos incentivou, porque não precisávamos de psicanálise. A vida cura a vida. Aquilo que tínhamos de problemas, conseguimos nós mesmos curar".

Portanto, vamos ao psicanalista quando não conseguimos mais por nós mesmos encontrar saída para nossos problemas. Então ele nos ajuda a encontrá-la e fazer o nosso passo. Nunca mais me esqueci da frase: a vida cura a vida. Vida que cura é a vida verdadeira, transparente, que olha olho no olho, que sente coração a coração, que não cria mecanismo de desculpas e de fuga nem autojustificação para ocultar a realidade, mas que a deixa vir à tona. Fazer esse percurso é muito doloroso, porque nenhum de nós gosta de conviver com o lado menor, o que nos envergonha e nos humilha. É nosso lado e devemos assumi-lo para então, sim, podermos ser mais humanos.

Dimensão ontológica da sexualidade

Leonardo Boff

Kundalini, a cobra cósmica, é o símbolo da energia cósmica que se revela também no sexo. É o primeiro *chakra*, o da sexualidade genital. Freud deteve-se principalmente nessa dimensão. Por isso, toda a sua psicologia, por mais genial que seja, já que ele é um pai fundador desse campo de conhecimento, é bastante limitada, demasiado falocêntrica e muito patricêntrica.

Jung se contrapunha a Freud, argumentando que a primeira experiência da criança não é com o pai, mas com a mãe. Somos mais matricentrados do que patricentrados, porque ligados umbilicalmente à mãe desde o momento da concepção; o pai entra numa fase posterior. Freud abominava a mãe, transava pessimamente a sexualidade e deixou de ter relação sexual com quarenta e poucos anos. Jung não tinha esse problema, por isso elaborou outro tipo de psicologia. No meu modo de ver, ele apresenta um espectro mais amplo. No entanto, como a nossa cultura é genitalmente centrada e há mesmo um desvio quase coletivo nesse aspecto, Freud é objetivo e bom para corrigir e curar. Mas se vou para um oriental, um africano ou um indígena que não tem esses problemas e levo Freud, estrago-lhes a mente.

Não há contradição entre a kundalini como energia cósmica e a teoria de Freud sobre sexo. Só que ele se restringiu a uma fase da kundalini, a fase genital. Os místicos do ioga, que trabalham muito os *chakras*, dizem: uma verdadeira experiência de amor tem a sua dimensão genital, mas, se ela se restringir a essa dimensão, é extremamente encurtada. Ela deve passar por todos os sete *chakras*, até chegar ao sentimento interior, à experiência da infinitude, da iluminação, que capta a dimensão cósmica do amor. Quem faz a ativação desses sete *chakras* tem uma experiência da totalidade da libido humana.

Nossa cultura não faz uma experiência da sexualidade como dimensão ontológica que atravessa todo nosso ser. Faz uma experiência genital, de alívio de uma tensão, nada mais. Não faz da sexualidade uma experiência mística da totalidade do ser humano enquanto homem, enquanto mulher, que têm a dimensão da subjetividade, do pensamento, da intimidade, da transcendência e da experiência mística. Todos os místicos celebram o encontro com Deus como imenso banquete ou como acasalamento de amor. Desde o *Cântico dos cânticos* a São João da Cruz e Santa Teresa. São Boaventura fala até de orgasmo. Porque eles de fato experimentaram isso ao tocarem Deus. A experiência de amor, que se realiza nas pessoas, dá a chance a todo mundo. A natureza não nega a ninguém fazer uma experiência de transcendência, de encontro com Deus, a experiência da intimidade, do amor como experiência cósmica e mística. Todo mundo faz esse percurso e também os celibatários. Jung dizia que se eles não geram pessoas, têm um parto cósmico, se autogeram. Por isso o voto de castidade, se bem entendido, não é um voto de desamor. É de superabundância de amor. Portanto, é um desafio viver de uma outra maneira a sexualidade, nessa dimensão que vai para além da genitalidade.

Militância e poesia

Frei Betto

Jesus recomendou "amar o próximo como a si mesmo". É muito difícil amar o próximo quando não nos amamos, não gostamos de nós mesmos. Nossa primeira experiência afetiva deve ser com nós mesmos. Muitas vezes, por motivos até culturais, nos esfolamos na luta e, com uma culpa carregada de onipotência, achamos que temos de dar conta do problema do mundo, o que acaba por nos exaurir. Caímos em sectarismos, entramos por desvios que nos desgastam como militantes. Posso falar isso, de cátedra, porque estou na esquerda brasileira há mais de cinquenta anos. Convivi com pessoas diante das quais tinha muita inveja, e me perguntava: "Será que serei sempre um militante persistente, combatente, como esses companheiros?" Principalmente na minha época de prisão. Hoje, lamentavelmente, muitos daqueles companheiros se exauriram. São fusíveis queimados: uns entraram no sistema, outros se cansaram, outros foram cuidar da vida pessoal. E era gente que me servia de modelo e exemplo.

Temos o dever moral e político de perguntar em que consiste a construção do militante, não daquele militante por duas horas, por um dia, por um ano, como diz Brecht, mas da vida inteira. Sempre citei o exemplo do pessoal das Comunidades Eclesiais de Base (CEBs) para os meus amigos comunistas, quando viajava pelos países do socialismo real. Dizia-lhes que, enquanto não construíssem um partido com gente com a mesma abnegação do pessoal das CEBs, não iriam a lugar nenhum, porque nelas conheço um bando de agentes pastorais leigos, padres, religiosas, que trabalham muito, quando podiam estar se divertindo e descansando, sem pensar em dinheiro e em poder. É muito fácil trabalhar num partido quando se está pensando na próxima eleição. Assim como é fácil batalhar por um determinado negócio quando se está recebendo um bom dinheiro para fazer isso. O difícil é a doação, isso exige mística.

É muito importante assumirmos os prazeres que nos fazem bem. Você gosta de tomar uma cerveja, tome-a. Gosta de dançar, dance. Quer dizer, não tenha escrúpulo em fazer aquilo que permite que você se equilibre, que o faz sereno, que lhe permite descarregar as energias e recompô-las para continuar na luta. Isso é fundamental, porque senão começamos a bater pino. Tem uma hora que a natureza cobra caro. É depressão, crise, estafa, estresse, perda das defesas imunológicas. Não quero ser maior ou menor do que ninguém; quero ser do meu tamanho e tenho que ter consciência de qual é o meu tamanho.

É preciso poesia, espaços de gratuidade, não só de necessidade: do lazer, do lúdico, do festivo, da celebração, da contemplação, da ociosidade. Essas coisas oxigenam a nossa existência. É preciso acabar com essa história de segurar o mundo nas costas. Muitos que seguravam o mundo nas costas morreram e o mundo continua, a luta continua, as coisas têm que ir para frente, porque ninguém é insubstituível. Agora, cada um de nós é importante sempre, não só hoje. Para ser importante sempre enquanto se está vivo é necessário cuidar-se e não ter medo de ser feliz.

Construir o próprio caminho

Leonardo Boff

O caminho interior é difícil porque somos culturalmente demasiado trabalhados, não somos mais virgens. Somos trabalhados, primeiro, por tudo aquilo que é visível na nossa sociedade – família, escola, religião, ideologia dominante, circuitos de amigos e parentes. Mas, se pensarmos ainda pela psicologia do profundo, a história inteira da humanidade deixou marcas em nós, na forma de arquétipos, experiências boas ou ruins que a humanidade fez face ao pai ou à mãe, à doença, à morte, ao sol ou à lua, ao nascimento, ao outro diferente de nós... Quer dizer, somos velhos como o mundo, tudo isso está dentro de nós.

A cultura dominante não nos ajuda a ser criativos, a sermos nós mesmos, a ter nosso perfil, nossa singularidade. Quer ajustar-nos às coisas, à religião familiar, à sociedade, às tradições, às representações dominantes. Por isso Paulo Freire, criticamente, estabeleceu a utopia de toda educação "como prática de liberdade". A vida como criação de você mesmo, na relação livre com os outros, dando e recebendo. Você trabalha dialeticamente essas intimidações todas. Mas tudo é muito complicado e desafiador. É fácil andar pelo caminho já feito. Está ali a rodovia que te leva até a outra cidade, é só ir. Mas inventar, abrir um caminho, esse é o desafio. "Caminante no hay camino/ Se hace camino al andar/ Y al volver la vista atrás/ Se ve la senda/ que nunca se va volver a pisar."

Também é fácil dizer: vamos seguir Jesus Cristo. Eu digo: melhor, vamos tentar fazer o que Cristo fez. Não simplesmente reproduzi-lo, mas, sim, fazer o caminho que ele fez, por nós mesmos. Nós mesmos devemos abrir o nosso caminho à luz de sua coragem de abrir caminho. Considero como grande desafio da vida conquistar o próprio nome, construir o próprio perfil. Nisso ninguém pode ser substituído ou representado.

Para Frei Betto, a meditação é como a bola de sal que, atirada ao oceano, desfaz-se e desaparece, absorvida pelas águas. A água é esse grande oceano do inconsciente coletivo impregnado de sinais de Deus, e o nosso esforço é formar essa bola e atirá-la na água, para que ela impregne toda a nossa existência. Então podemos testemunhar como São Paulo: Deus é de fato tudo em todas as coisas.

Uma caminhada humana e espiritual

Leonardo Boff

Minha mãe era analfabeta e meu pai, um intelectual sofisticado. Ambos marcaram minha vida. Do lado da mãe sou terra, gosto das cozinhas de todo o mundo, da natureza, do bel canto e das coisas diretas. Do lado do pai sou do céu, gosto da leitura, dos voos arrojados do pensamento, das diferenciações dos conceitos. Minha mãe era de uma piedade rústica, de quem não precisa crer em Deus porque sabe que Ele existe e está convencida de tê-lo visto várias vezes, ao pôr do sol, no meio de nuvens avermelhadas. Meu pai era religiosamente inquieto: foi quase jesuíta e me legou a inconformidade contra o autoritarismo da Igreja e contra a sua pretensão de possuir o monopólio dos bens da salvação. Mas ambos, pai e mãe, possuíam uma sensibilidade aguçada para o drama dos pobres e para a justiça social. Muito de minha iracúndia sagrada vem desta matriz familiar.

Estudei muito na vida, em muitos lugares no Brasil e no estrangeiro. Nos anos 1970, ao regressar da Europa, caí no Brasil real, dos 2/3 de pobres e excluídos. Junto com Gustavo Gutiérrez, do Peru, e Juan Luiz Segundo, do Uruguai, elaborei uma teologia comprometida com esses expropriados que ficou sendo conhecida como Teologia da Libertação, a primeira teologia dos tempos modernos produzida na periferia da galáxia eclesial e com significado universal.

Andei sempre com um pé nos movimentos sociais e outro na academia. Nos anos obscurantistas dos militares, por mais de vinte anos coordenei, junto com Frei Ludovico Gomes de Castro e Rose-Marie Muraro, na editora Vozes, publicações dos brasileiros condenados. Sem alarde, mas com determinação.

Ajudei a montar um ousado projeto teológico para a América Latina, ainda em curso: reescrever toda a teologia cristã em mais de cinquenta tomos, a partir do interesse da libertação dos nossos povos condenados. Tal diligência implica a ruptura do matrimônio incestuoso da igreja oficial com o poder dominante. Fui perseguido por causa disso.

Escrevi mais de sessenta livros. Um deles, *Igreja: carisma e poder*, levou-me, em 1984, à barra dos tribunais da ex-Santa Inquisição em Roma. Outrora teria sido queimado vivo em praça pública. Na época, graças a Deus, somente recebi um ano de silêncio e outros castigos menores.

No meu pensamento, procuro arrancar da experiência originária do cristianismo o lado onde ele pode interessar às pessoas e ser realmente universal, isto é, na afirmação da proximidade de Deus, Pai e Mãe, em nossa condição humana, na convicção de que cada um é filho e filha de Deus e na certeza da ressurreição de toda carne (da nossa, daquela da terra, dos animais todos, enfim, do cosmos), o que nos faz peregrinos da alegria e não caminheiros desolados do vale de lágrimas. Estou convencido de que somente um cristianismo de libertação se faz herdeiro da memória subversiva e libertária de Jesus e tem algo a prometer às pessoas do mundo inteiro. Caso contrário, é coisa do Ocidente que mais e mais parece um acidente. Aprecio os autores místicos como Chuang-Tzu e o Mestre Eckhart, do qual traduzi das principais obras (*A mística do ser e não ter*. Petrópolis: Vozes). Mas, para mim, a mística verdadeira é aquela dos olhos abertos e das mãos operosas. Sem isso é mistificação.

Devido à má situação do mundo, morrer alienado, com todos os sacramentos e na santa paz, seria para mim vergonha e castigo. A vida deve ser gasta na recusa em aceitar a sociedade assim como é e, muito mais, no empenho em transformá-la. Em junho de 1992, pressionado pelo controle eclesiástico que me impedia de trabalhar, mudei para continuar o mesmo: renunciei ao magistério presbiterial e me autopromovi leigo.

Encontro-me na mesma situação de Jesus, que também era leigo – era da tribo de Davi e não de Levi – e de

São Francisco de Assis, que nunca em sua vida foi padre, E sinto-me bem nessa companhia, junto com Frei Betto, frade dominicano-não clérigo, na companhia de tantos homens e mulheres que reinventam sacralidade a partir do cotidiano do amor, da partilha e do cuidado com a vida, da luta pelo direito e pela justiça. Recriam assim uma aliança fraternal e sororal com a criação, buscando viver nos seus espaços o sonho de uma humanidade planetizada, una e diversa, local e global, cristã e ecumênica.

Autobiografia espiritual

Frei Betto

Criança, despertei para a fé cristã graças a meus pais. Na igreja do Carmo, em Belo Horizonte, frequentei a catequese mais interessado nos seriados de *Flash Gordon* que nas prédicas de frei Inocêncio contra os pecados da carne. No colégio Sacré-Coeur de Marie, onde estudaram minha mãe e minhas irmãs, encarei cético o cineminha manual que, num rolo de papel dentro de um vidro, mostrava as mutações da alma, de branca para preta, ao ceder às tentações. Na igreja da Boa Viagem, padre Paulo era mais tolerante, como se os pecados de verão recaíssem sobre as costas do calor...

Bagunceiro e aluno medíocre, não fui aceito na Cruzada Eucarística do colégio marista. E, por mais que tentasse, nunca consegui assegurar minha poupança celestial através das nove primeiras sextas-feiras. A missa era muito cedo para o meu sono.

Aos 13 anos, ingressei, por acaso, na Juventude Estudantil Católica (JEC). Junto com Henriquinho – mais tarde conhecido como Henfil – enfrentei o desafio de provar aos militantes que não éramos crianças. Graças aos frades dominicanos, descobri a dimensão libertadora da fé: Maritain, Mounier, padre Vaz, Lebret e Tristão de Athayde. Passei a acordar cedo para não perder a missa de dom Timóteo Amoroso no mosteiro das beneditinas. Seu entusiasmo por Thomas Merton e os trapistas inoculou-se em mim. De conceito doutrinário, Deus passou a ser uma pessoa muito íntima em minha vida.

Na praia de Itanhaém, no litoral paulista, tive a minha primeira experiência mística, aos 17 anos. Aos vinte, larguei a faculdade para ingressar na Ordem Dominicana. Noviço, três meses depois perdi a fé. Vivi em noite escura durante sete meses, até que o objeto da paixão de Teresa de Ávila se tornou também alvo da minha. Pela primeira vez, tive certeza de aproximar-se de mim a fonte capaz de saciar todos os desejos. Deus tornou-se meu caso de amor.

Filho pródigo, tomei consciência de que, se não sou capaz de me apresentar sem pecado diante de Deus, é na intimidade amorosa com Ele/Ela, todo misericórdia e justiça, que se instaura minha possibilidade de ser um pouco mais fiel. Em quatro anos de prisão, fui levado ao deserto pelas mãos de Agostinho, Plotino, Domingos, Tomás de Aquino, Eckhart e, em especial, João da Cruz, e conheci o Inefável. Fiquei marcado a ferro e fogo.

O contato diário com os pobres – na favela em que morei em Vitória, nas Comunidades Eclesiais de Base e, mais tarde, na área metalúrgica do ABC – evangelizou-me ao longo dos anos e, hoje, me permite ter uma visão teologal dos movimentos populares, da luta sindical e dos engajamentos políticos. Durante cinco anos de convivência diária, meu irmão caçula, Tonico, me fez penetrar mais no mistério divino do que todos os místicos que já li.

Desde 1979, passei a assessorar grupos de oração que, de fato, me nutrem na via do Indizível.

Em 1987, *A nuvem do não saber*, obra anônima de autor inglês do século XIV, abriu-me novos horizontes. Habituei-me à meditação diária graças às viagens literárias que passei a empreender através do budismo, do zen-budismo e de outras fontes da espiritualidade oriental, como o *Bhagavad Gita*.

Desconfio de que o universo é o ventre de Deus, no qual estamos sendo gestados para a vida definitiva.

Considero que orar é tão importante para a saúde do espírito quanto alimentar-se para o corpo e dormir para a cabeça. E acredito que os futuros homens e mulheres novos terão necessariamente que ser filhos do casamento entre Ernesto Che Guevara e Teresa de Ávila.